게임기획자
어떻게
되었을까
?

꿈을 이룬 사람들의 생생한 직업 이야기 12편
게임기획자 어떻게 되었을까?

1판 6쇄 펴냄 2023년 9월 25일

펴낸곳	㈜캠퍼스멘토
저자	원인재
책임 편집	이동준 · 북커북
진행 · 윤문	북커북
디자인	㈜엔투디
커머스	이동준 · 신숙진 · 김지수 · 김연정 · 박제형 · 강덕우 · 박지원
교육운영	문태준 · 이동훈 · 박홍수 · 조용근 · 정훈모 · 송정민
콘텐츠	오승훈 · 이경태 · 이사라 · 박민아 · 국희진 · 윤혜원 · ㈜모야컴퍼니
관리	김동욱 · 지재우 · 윤영재 · 임철규 · 최영혜 · 이석기
발행인	안광배

주소	서울시 서초구 강남대로 557 (잠원동, 성한빌딩) 9층 (주)캠퍼스멘토
출판등록	제 2012-000207
구입문의	(02) 333-5966
팩스	(02) 3785-0901
홈페이지	http://www.campusmentor.org

ISBN 978-89-97826-16-2 (43000)

현직
게임기획자들을
통해 알아보는
리얼 직업
이야기

게임기획자
어떻게

How to become a Game designer?

되었을까?

CampusMentor
캠퍼스멘토

"
도움을 주신
게임기획자들을
소개합니다
"

조용래 게임기획자

- 현) 엑스엘게임즈 아키에이지 기획팀장
- 2017 NDC 강연
- 2016 IGC 강연
- (주)엑스엘게임즈 아키에이지 기획팀 입사
- 부산대학교 영어영문학과 졸업

이터니티 게임기획자
(이성우·송은주 부부)

- 현) 이터니티 용사학교 기획 및 개발
- 전) 넥스트플로어 엘브리사 개발
- 전) 펜타비전 디제이맥스 온라인,
  디제이맥스 포터블 1, 2 개발

최민수 게임기획자

- 현) 넷마블 몬스터길들이기 레벨디자이너
- 전) 인디게임 카렌 시스템·레벨디자이너
- 순천향대학교 영화애니메이션과 졸업

이태경 게임기획자

- 현) 디포게임즈 게임 컨텐츠 기획 서포트
  및 레벨링
- 전) 네오위즈 INS 피파온라인 2 운영
- 전) 다음서비스 퍼블리싱 게임 운영 및 로그분석
- 동남보건대학교 관광영어과 졸업

진정한 게임기획자

- 현) XL게임즈 사운드팀
  사운드 디자이너
- 경성대학교 음악학부 클래식작곡과 졸업

이 책의 구성

▶ 도움을 주신 분들을 소개합니다 … 004

Chapter 1

게임기획자, 어떻게 되었을까?

▶ 게임기획자란 … 012

▶ 게임기획자의 구분 … 016

▶ 게임기획자의 자격 요건 … 018

▶ 게임기획자가 되는 과정 … 020

▶ 게임기획자라는 직업의 좋은 점·힘든 점 … 026

▶ 게임기획자가 되기 위한 교육 과정 … 028

▶ 게임기획자 종사 현황 … 033

Chapter 2

▸ 미리 보는 게임기획자들의 커리어 패스 … 036

게임기획자의 생생 경험담

▸ 이성우·송은주 이터니티 게임기획자 … 038

● 게임을 좋아하던 소년, 그림을 좋아하던 소녀

● 아이처럼 키우는 게임을 만들다

● 게임을 만드는 할머니, 할아버지가 될 때까지

▸ 조용래 엑스엘게임즈 기획팀장 … 058

● 현실같은 가상세계를 만드는 일을 꿈꾸다

● 유저들이 즐거워할 때 가장 보람된 일

● 좋은 추억, 인생 게임을 선물하기 위한 여정

▸ 최민수 넷마블 레벨디자이너 … 076

● 게임원화가에서 게임기획자가 되기까지

● 게임을 다채롭게 하는 일

● 누구나 함께하고 싶은 기획자로

▸ 이태경 디포게임즈 게임기획자 ⋯ 094

● 평범했던 소년에게 큰 힘이된 응원

● 찰나의 모든 순간까지 꼼꼼히

● 나만의 게임을 만드는 그날까지

▸ 진정한 엑스엘게임즈 사운드 디자이너 ⋯ 108

● 남들보다 특별한 포트폴리오를 만들기 위한 노력

● 게임에 생동감을 불어넣는 일

● 게임의 상징이 되는 사운드를 만드는 그날까지

▸ 청소년들이 게임기획자에게 직접 묻는다 ⋯ 122

▸ 신입사원에게 듣는 게임기획자의 세계 ⋯ 126

● 이지혜 레벨디자이너

● 이창현 콘텐츠 기획자

● 김서원 레벨디자이너

Chapter 3

예비 게임기획자 아카데미

▶ 게임의 변천사...146

▶ 게임의 종류 ...148

▶ 조용래 게임기획 팀장이 전하는 게임 기획이란? ...150

▶ 원페이지 기획서 작성해보기 ...152

▶ 게임 개발의 핵심! 개발 엔진 알아보기 ...156

▶ 게임기획자에게 유용한 프로그램...158

▶ 스크래치로 만들어보는 간단한 프로그램 ...160

▶ 게임 전시회 현황...174

▶ 생생 인터뷰 후기...177

CHAPTER
| 1 |

게임기획자,
어떻게
되었을까
?

SCANNING

게임기획자란?

게임기획자는

게임기획자는 PC게임, 네트워크게임 등 게임용 소프트웨어 제작을 총괄적으로 감독하고 연출한다. 일반적으로 게임을 제작하기 위해서 전반적인 계획을 수립하는 게임기획자는 게임이 제작되어 상품화가 될 경우 성공할 수 있는지를 판단·결정하는 중요한 역할을 한다.

경우에 따라서 게임 시나리오 작가를 겸하기도 한다. 게임 크리에이터 등으로 불리기도 하며, 컴퓨터 게임의 아이템과 스토리, 캐릭터 등을 구성 및 기획하고 제작 과정을 관리한다.

· 출처: 워크넷 한국직업정보시스템 , 한국직업사전

게임기획자가 하는 일

　게임 시장과 게임 사용자의 동향을 조사하고 적합한 게임 아이템을 찾는다. 게임 구현의 가능성과 사업을 분석하여 게임의 내용과 난이도, 대상 연령층, 시스템 사양, 그래픽 수준 등을 포함한 기획안을 작성한다. 게임의 규칙 등 관련 세부사항을 결정한다. 스토리라인을 정하고 캐릭터의 일대기를 작성한다. 지형, 몬스터 배치 및 디자인, 퀘스트(quest: 롤플레잉 게임에서 주인공이 하달받는 임무) 등 게임을 구성하는 요소를 결정한다. 게임 사용자가 게임 내의 정보를 쉽게 습득할 수 있는 인터페이스(interface: 서로 다른 시스템을 연결해주는 메뉴창, 설정창 등)를 제작한다.

· 역사 자료 등 각종 자료를 수집하고 사람들이 현재 좋아하는 게임을 파악하는 등 동향을 파악하여 새로운 아이디어를 구상한다.
· 게임의 장르와 대상 연령층, 최소한의 컴퓨터 시스템, 게임의 난이도 등을 결정한다.
· 각종 캐릭터의 역할 및 특징, 기본적인 스토리 전개의 큰 흐름을 설정한다.
· 기획에서 결정된 사항들을 구체적으로 세분화하여 게임의 제작 설명서를 만든다.
· 대사를 작성하는 등 세부적인 게임 시나리오를 작성한다.
· 기획의도를 이해하기 쉽게 그래픽디자이너나 프로그래머 등에게 전달한다.
· 그래픽 디자이너와 그래픽 분위기를 결정하는 등 게임의 근본적인 내용을 이끌어 간다.
· 게임의 테스트 과정에 참여한다.
· 제3자적 입장에 있는 다른 플레이어들이 지적한 문제점을 이해하기 쉽게 프로그래머나 그래픽 디자이너, 뮤직 아티스트 등에 전달한다.
· 게임이 제작되어 상품화가 되었을 때 시장 진입이나 판매고의 수익을 올릴 수 있을지를 판단·결정한다.
· 게임이 제작되면 홍보계획을 수립하여 소비자에게 게임을 홍보한다.
· 게임제작의 총감독과 시나리오를 제작하는 역할을 겸하기도 한다.

· 출처 : 워크넷 한국직업정보시스템 , 한국직업사전

게임업계의 업무흐름은 회사 규모에 따라 약간씩 차이가 있을 수 있습니다. 규모가 큰 회사는 게임 제작 과정이 세분화되어 있지만 규모가 작은 회사는 동시다발적으로 프로젝트가 진행되기도 하죠. 과거에는 CD로 된 패키지 게임이 출시되면 프로젝트가 끝났다고 생각했지만, 최근 온라인이나 모바일 형식의 게임의 경우 게임 출시는 새로운 시작이에요. 요즈음 게임 제작은 개발이 반, 운영이 반이라고 생각하면 쉽습니다. 게임 출시를 신생아가 태어난 거라고 본다면, 게임 관리 및 운영은 아기 양육 과정인거죠. 어느 정도 시간이 지나야 아기가 말도 하고 걸을 수 있듯이, 게임도 시간을 가지고 지속적인 업데이트를 해야만 제대로 된 게임이 됩니다.

게임 기획

1. 게임 기획 단계

- 게임 콘셉트 기획: 브레인스토밍을 통해 게임의 장르 및 플랫폼 등 게임의 전반적인 모습을 그린다.
- 시장조사 및 사업성 검토: 현재 게임 시장이나 유저들의 욕구 등을 파악해 선정한 타겟과 시장이 적절한지 확인한다.
- 게임 기획안 작성: 세계관, 시스템, 게임 방식, 게임 특징 등에 대한 내용을 포함한 기획안을 작성한다.
- 각종 데이터 작업: 핵심 아이디어를 기본으로 필요한 상황이나 환경 등을 설명할 수 있는 데이터를 모으고 정리한다.
- 제작 계획 설계: 게임 제작에 대한 제작비, 예상 기간, 필요 기술, 인원, 홍보 전략 등 게임 완성까지의 전반적인 계획을 세운다.
- 게임 시스템 설계: 게임 방식과 흐름 등 각 분야별에 맞게 게임 시스템에 대한 세부 설계를 한다.

2. 게임 개발 단계 (디자인)

- 디자인: 기획자에게 전달받은 기획안을 바탕으로 배경, 캐릭터, 아이템, 메뉴 등 각종 그래픽 요소들을 제작한다.

3. 게임 개발 단계 (프로그래밍)

- 프로그래밍: 각종 프로그램을 제작하고 디자이너에게 전달받은 그래픽 소스들을 배치한다.
- 프로토타입: 게임의 시제품을 만든다.
- CBT (Colsed Beta Test, 비공개 시범 서비스): 서버에 대한 안정성을 체크하는 테스트를 실시한다. 시작부터 끝까지 게임 플레이가 가능한지 확인한다.
- QA(품질검사): 회사 내 테스터가 게임의 세밀 기능 및 시나리오를 테스트하고 버그를 수정하는 일이다.
- OBT(Open Beta Test, 공개 시범 서비스): 프로그램 작업과 시스템 구현이 끝난 상태에서 게임의 최종 테스트를 하는 과정이다.

4. 게임 출시 및 관리 단계

- 이벤트: 더 많은 유저를 모으기 위하거나 또는 기존의 이용자들을 위한 이벤트를 설계한다.
- 업데이트: 꾸준히 게임의 버그를 수정하거나, 미완성되었던 부분을 업데이트해주면서 완성도를 높인다.
- 홍보: 유통사를 선정하고 유통망을 구축한다. 패키지를 기획하고 구성한다. 홍보 방법, 비용 등을 고려해 계획서를 작성한다.

게임을 만드는 사람들

· PD(Project Director)

게임을 만드는 과정에서 전체적인 방향을 제시하고 진행을 총괄적으로 책임지는 사람이다. 영화감독과 비슷하다고 생각하면 이해하기 쉽다. 게임 개발의 일정, 비용, 인원 관리 등을 통해 최고의 게임을 만들고자 이끄는 역할이다. PD는 흔히 가장 상급자가 맡으며 이를 돕기 위해 PM(Project Manager)이 있다. PM은 주로 일정 및 게임 소스를 관리한다.

· 게임기획자

게임을 제작하는데 필요한 전체적인 틀을 구체적으로 구상하는 일을 한다. 게임을 설계하고 게임의 콘셉트와 내용 등을 구성한다. 업무에 따라 시나리오 기획자, 콘셉트 기획자, 시스템 기획자, 레벨 기획자 등으로 나뉜다.

· 그래픽 디자이너

게임에 들어가는 다양한 그래픽들을 만든다. 배경과 캐릭터, 아이템, 메뉴, 옵션 등 유저들이 게임을 할 때 화면에 보이는 모든 것을 디자인한다. 작업 구분에 따라 원화 디자이너, 인터페이스 디자이너, 픽셀 아티스트, 모델러, 맵퍼, 애니메이터, 동영상 CG 디자이너 등으로 세분화된다.

· AD, TD

전문적으로 나뉜 직업군은 아니지만 게임 개발 과정에서 원활한 소통을 위해서 생긴 직업군도 있다. 타 부서에 대한 높은 이해도를 바탕으로 업무 조율 및 중재를 통해 최고의 결과를 도출하는 직업이다. 바로 AD와 TD이다. AD(Art Director)는 기획자가 말하는 콘셉트를 그래픽 디자이너들에게 정확하게 전달하는 역할을 한다. 디자이너가 그림으로 표현한 내용들을 전체적인 색감과 톤을 맞춰 모두가 어울릴 수 있도록 조율하는 역할도 담당한다. TD(Technical Director)는 그래픽 디자이너들이 원하는 스크린이 어떤 것인지를 듣고 개발자들에게 전달하는 역할을 한다. 반대의 과정을 거치기도 한다. 각 담당자는 실무 능력이 있어야 하며 업무 조율 능력, 서로 간의 중재 및 회선의 결론 도출을 하는 능력을 필요로 한다.

게임기획자의 구분

· 시나리오 기획자

게임의 세계관을 짜고 등장인물을 설정해 사건을 만드는 일을 합니다. 역사와 문학, 드라마, 영화 등을 두루 섭렵해 다양한 지식이 있는 사람에게 유리합니다.

· 퀘스트 기획자

짜여진 세계관에 맞추어 퀘스트(Quest)를 설계하는 사람입니다. 퀘스트는 게임을 원활하게 진행하기 위해 캐릭터가 수행하는 임무를 의미합니다. 레벨 디자이너, 밸런스 디자이너와 협업해 퀘스트에 필요한 모든 데이터를 입력하고 구성하고 설계하는 업무를 진행합니다.

· 시스템 기획자

게임에 필요한 모든 규칙(룰)을 정하고 그 규칙이 어떻게 프로그램으로 구현할 수 있을지에 대한 설계도를 작성하는 업무를 담당합니다. 이에 다른 기획자들보다 높은 프로그램 구현 지식이 요구됩니다. 높은 지식을 요구하기 때문에 신입 기획자보다는 프로그래머 출신이 많습니다.

· 콘텐츠 기획자

시스템 기획자가 짜놓은 테이블과 글, 규칙을 바탕으로 다양한 콘텐츠를 생산하는 일을 합니다. 아이템 설정, 데이터 관리, 설정 업무 등을 담당합니다. 퀘스트 기획자와 긴밀한 관계를 유지하고 있어야 하며 프로그램 구현 지식이 요구되는 업무입니다.

· 밸런스 기획자

게임 내 적용된 많은 테이블들을 관리하고 게임 테이블의 구조를 계획하는 업무를 합니다. 또 캐릭터 간의 밸런스, 캐릭터와 몬스터와의 밸런스 등을 맞추는 작업도 합니다. 기초수학과 통계 등에 대한 높은 이해도가 필요합니다.

· 설정 기획자

대중의 트렌드를 파악하고 다양한 자료를 수집하는 일을 합니다. 주로 업무상 그래픽 디자이너와 일하는 경우가 많다 보니 그래픽 구현지식과 자료수집 능력이 요구됩니다. 설정 기획자는 업무 특성상 프로젝트 초기에만 투입되고 다른 업무로 이동하기 때문에 회사에서 많은 수요가 없습니다.

· 수치 디자이너

게임에 적용되는 모든 시스템의 데이터 값을 설정하는 업무를 담당합니다. 엑셀 데이터베이스 관련 프로그램을 잘 다룰 수 있어야 하고 스크립트 활용능력이 필요합니다.

· 사운드 디자이너

게임 안에 들어가는 모든 소리를 만드는 일을 합니다. BGM(배경음악)부터 시작해 SE(효과음), 음성 등 게임에서 출력되는 모든 소리를 창조합니다. 사운드 제작에 대한 어려움으로 외주로 일이 이뤄지기도 합니다. 사운드 툴에 대한 높은 이해가 필요합니다.

· 레벨 디자이너

레벨 디자이너는 게임에서 유저들이 플레이하는 게임의 무대 맵을 설계하는 업무를 합니다. 맵을 설계하고 몬스터, 건물 등을 배치합니다. 시스템과 콘텐츠, 밸런스 기획에 대한 높은 이해도를 요구하고 맵 제작을 위한 프로그램도 다룰 수 있어야 합니다.

· 서비스 기획 디자이너

게임과 플레이를 위한 서비스의 방향성 설정, 아이템 기획 등을 설정하는 일을 합니다. 아이템을 기획하고 유료 시스템 기획 및 해외 서비스 시장 진출 등 매출과 직접적인 연관이 있는 업무입니다.

톡(Talk!) 조용래

게임기획자의 업무에 대한 명확한 분류 기준은 없습니다. 나라마다 회사마다 각자 사정에 따라 다 다르지요. 시나리오와 퀘스트 기획을 같이 하거나 수치 기획과 밸런스 업무를 함께 하기도 합니다. 또 인디게임 업계의 경우 혼자서 모든 기획을 다 하기도 하고요. 업계에서는 크게 통상 구조 설명, 경제 시스템, 전투 시스템 등 숫자를 다루는 시스템 기획과 시나리오, 퀘스트, 레벨 등 직접 눈에 보이는 게임 안 세상을 만드는 콘텐츠 기획자로 구분하기도 합니다. 절대적인 분류 기준은 없지만 각 분야별로 하는 일이 조금씩 다르다는 걸 기억하면 좋겠네요!

게임기획자의 자격 요건

어떤 특성을 가진 사람들에게 적합할까?

· 시장 조사 결과를 바탕으로 게임을 즐기는 사람들이 무엇을 원하는지 파악해 낼 수 있는 통찰력과 새로운 게임 소재를 발굴해 낼 수 있는 창의력, 기획력이 요구된다.

· 게임 산업 전반에 대한 지식과 이해뿐만 아니라 마케팅과 홍보에 대한 기본적 지식을 가지고 있어야 한다.

· 게임을 좋아해야 하고 영화, 만화, 소설 등 다양한 문화 장르에 대한 지식이 요구된다.

· 게임의 개발은 보통 팀 단위로 이루어지기 때문에 다른 팀원들과 원활한 관계를 유지할 수 있는 대인관계능력과 의사소통능력 등이 요구된다.

· 탐구형과 진취형의 흥미를 가진 사람에게 적합하며, 혁신, 리더십, 성취욕 등의 성격을 가진 사람들에게 유리하다.

· 참고 : 한국직업능력개발원 커리어넷 직업정보

게임기획자와 관련된 특성

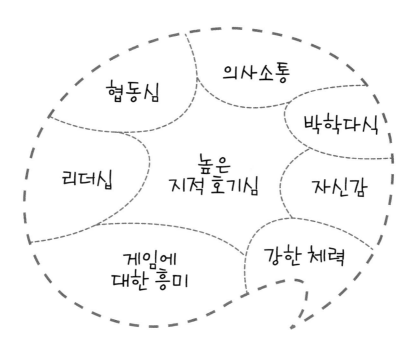

협동심

의사소통

박학다식

리더십

높은
지적 호기심

자신감

게임에
대한 흥미

강한 체력

톡(Talk)! 이터니티

게임에 대한 흥미는 필수이며 끈기가 있어야 합니다.

기본적으로 게임을 무척 좋아하는 사람이어야 해요. 게임을 좋아하는 사람과 게임에 큰 흥미가 없는 사람이 게임을 만들었을 때 그 결과물은 큰 차이가 나죠. 평소에 만들고 싶었던 게임이 있는 사람이면 더욱 좋습니다. 일을 하다 보면 실수가 생기기도 하고 귀찮을 때도 있는데, 하나씩 쌓아간다는 생각으로 꾸준하게 일을 할 수 있어야 해요. 지금 하고 있는 것을 꾸준히 하다 보면 어느 순간에 결과에 이르게 되죠.

톡(Talk)! 조용래

다양한 의견을 열린 마음으로 받아들일 수 있어야 합니다.

게임기획자는 게임 콘텐츠가 나오기까지 많은 사람을 설득해야 합니다. 다른 사람의 의견을 열린 마음으로 받아들이되, 그것에 자신만의 색을 더할 수 있는 창의성을 가진 사람이라면 좋을 거 같아요. 교과서로 얻는 지식보다는 다양한 공부를 하고 책도 많이 읽고 여러 가지 경험을 하는 것이 좋습니다. 또한, 한 분야 정도는 깊게 전문성을 키우는 것도 큰 도움이 됩니다. 최근에는 문화 트렌드를 읽을 수 있는 능력이 중요해지고 있어 여러 문화 콘텐츠에 대한 흥미도 필요한 것 같네요.

톡(Talk)! 최민수

끊임없는 자문, 도전, 관찰력, 수용이 중요해요.

저는 포트폴리오 제작을 할 때 문서를 작성하는 측면이 좀 약하다는 평가가 있었지만, 다른 기획자에 비해서는 아트적인 감각이나 직관적인 이미지 표현 등이 강하다는 장점이 있었어요. 이처럼 다른 사람에 비해 약한 부분을 장점으로 충분히 커버할 수 있답니다. 오히려 특별한 재능보다는, 항상 '왜?'라고 스스로에게 질문할 줄 아는 사람이 더 좋은 게임을 만들 수 있다고 생각해요.

톡(Talk)! 진정한

커뮤니케이션 능력이 가장 중요해요.

여러 사람들과 함께 게임을 만들다 보니 소통 능력이 중요합니다. 게임 사운드를 기획하고 구현하기까지 많은 이들과 함께 의견을 나누며 일이 진행되기 때문에 자신의 생각을 전달해야 하죠. 게임에 대한 흥미는 기본이고, 게임 외에도 영화, 드라마, 음악 등 여가시간에 다양한 문화생활을 즐기는 사람이라면 게임 사운드 디자이너로 적합한 것 같네요. 모든 작업이 컴퓨터로 진행되기 때문에 어느 정도의 컴퓨터 활용 능력이 있어야 하고 생각을 구체화시키는 능력도 필요합니다.

원만한 대화 능력과 인내심, 열린 사고방식이 필요합니다.

　기획서와 똑같은 결과물을 내기는 어렵습니다. 게임기획은 게임을 함께 만들어가는 이들의 다양한 이해도를 처음의 기획 의도와 가깝게 조율해 나가는 과정의 연속이에요. 그 과정에서 갈등과 충돌이 있을 수도 있고요. 본인의 생각을 다른 사람에게 효과적으로 전달하는 원만한 커뮤니케이션 스킬뿐만 아니라, 인내심과 열린 사고방식도 꼭 필요합니다.

내가 생각하고 있는 게임기획자의
자격 요건을 적어 보세요!

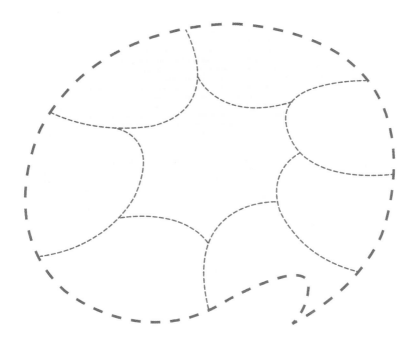

게임기획자가 되는 과정

1 공개채용 (회사별 연도별 상이)

■ 매년 신입사원 채용 규모를 별도로 정하여, 공식적인 신입공채 기간을 통해 채용하는 방식입니다.

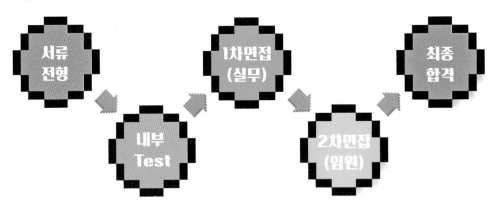

2 수시채용

■ 인력충원이 필요한 부분이 발생할 경우, 홈페이지에 공고하여 새로운 인재를 채용하는 방식입니다.

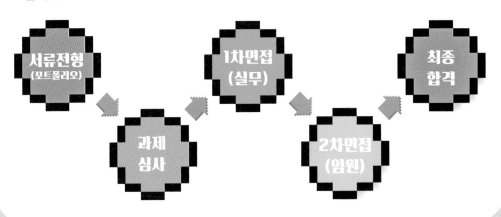

톡(Talk)!
조용래

수시채용이 더 활발하게 이뤄집니다

　게임기획자의 경우 공개채용보다는 수시채용이 더 활발하게 이뤄지고 있습니다. 공개채용은 규모가 큰 회사에서 주로 이뤄지는데 모집 연도와 회사에 따라 약간씩 차이가 있어요. 수시모집은 중소 게임회사에서 주로 실시하지만 대기업에서도 경력자를 대상으로 프로젝트마다 수시채용을 하기도 합니다. 요즘은 각 기업의 인재풀에 등록한 사람을 채용하는 경우도 많이 있습니다. 그래서 관심이 있는 회사의 채용조건을 항상 확인하는 것이 좋아요.

톡(Talk)!
이터니티

면접은 게임에 대한 진정성을 보여주는 자리입니다.

　넥스트플로어에서 면접관으로 참여한 적이 있었는데 회사가 어떤 게임을 만드는지도 모르고 게임을 해본 경험도 많지 않은 지원자들을 많이 만났습니다. 학벌, 외국어 실력, 게임을 만든 경험, 프로그램을 다룰 수 있는 실력 등 흔히 말하는 스펙을 갖추는 것도 중요하지만 게임에 대한 진정성을 면접에서 보여주는 것이 가장 좋은 것 같습니다. 기성의 것에 얽매이지 않고 자신이 이해하고 있는 게임에 대해 솔직하게 이야기해야 합니다. 그리고 자신이 어떤 게임 장르를 좋아하고 어떤 게임을 만들고 싶어 하는지 명확해야 합니다. 그다음이 스펙을 갖추는 것입니다.

게임기획자라는 직업의 좋은 점·힘든 점

톡(Talk)!
이터니티

| 좋은 점 |

게임을 많이 해도 부모님께 혼나지 않아요.

자신이 좋아하는 취미생활과 직업이 연결되는 부분이 가장 좋은 것 같아요. 게임을 많이 하기만 하면 부모님께 혼나지만 직업으로 삼은 뒤에는 게임을 해도 혼나지 않게 되죠. 게임을 많이 해도 괜찮은 직업입니다.

톡(Talk)!
조용래

| 좋은 점 |

문화를 이끌어가는 직업입니다.

"게임이란 모든 문화콘텐츠의 가장 전방에 있다"는 엑스엘게임즈의 송재경 대표님의 말에 적극 공감합니다. 게임기획자는 문화를 이끌어 가는 직업입니다. 현실적으로 불가능한 생각을 가지고 하나의 세상을 직접 만들 수 있어요. 말 그대로 무에서 유를 창조하는 직업이죠. 새로운 기술에도 도전해 볼 수 있고 게임을 통해 대중과 가장 빠르게 만날 수도 있습니다.

툭(Talk)!
최민수

| 좋은 점 |

현실보다 멋진 가상세계를 만들 수 있어요.

　내가 원하는 상상의 날개를 기획하고 그 날개가 펼쳐져 가는 모습을 볼 수 있다는 것이 가장 좋은점이에요. 사람들이 게임을 하는 이유가 현실의 자신보다 더 나은 가상 세계를 즐길 수 있기 때문이라는 말을 들은 적 있어요. 게임기획자는 그런 사람들을 위해 콘텐츠와 장소를 제공하는 역할을 할 수 있어서 매력적인 직업입니다.

툭(Talk)!
진정한

| 좋은 점 |

즐기면서 일할 수 있어요.

　좋아하는 일을 직업으로 갖기 때문에 즐기면서 일할 수 있어서 좋습니다. 내가 좋아하던 게임이 만들어지는 과정에 직접 참여한다는 것은 생각만 해도 떨리는 일이 아닌가요? 그것만으로도 충분히 보람이 있는 일입니다.

| 좋은 점 |

내가 만든 콘텐츠에
푹 빠질 수 있습니다.

게임기획자라는 직업의 좋은 점은 일과 놀이를 한 번에 해결할 수 있다는 점입니다. 다만 게임을 즐기기만 해서는 일을 할 수 없으니, 일과 놀이를 번갈아 한다는 기분이 들죠. 내가 기획하고 만든 콘텐츠를 다각적으로 테스트하고 수정하다 보면 어느새 그 콘텐츠에 빠져 즐기고 있다는 것을 볼 수 있어요.

| 힘든 점 |

함께 게임을 만드는 사람과
좋은 관계를 유지해야 합니다.

게임은 기획자 혼자 만드는 것이 아닙니다. 따라서 뛰어난 커뮤니케이션 스킬을 요구해요. 프로그래머와 디자이너들과 함께 게임을 제작하게 되는데, 그들에게 기획자의 생각을 제대로 전달하지 못하면 생각하던 것과 전혀 다른 결과물이 나올 수 있죠.

| 힘든 점 |

책임이 무거운 자리입니다.

사람들의 취향이 모두 다르기 때문에 게임에 대한 반응 역시 모두 달라요. 게임 업데이트 내용을 반기는 유저도 많지만, 때로는 업데이트 내용에 대해 부정적인 피드백을 주시는 유저들도 있습니다. 게임기획자는 유저의 반응에 가장 먼저 책임을 지는 무거운 자리이기도 합니다.

| 힘든 점 |

꾸준히 건강관리를 해야 해요.

항상 모니터와 마주하고 있기 때문에 눈의 피로도가 높아요. 업무 강도에 따라 꾸준한 건강관리가 필요한 직업이기도 합니다.

| 힘든 점 |

창작에 대한 중압감이 있습니다.

항상 새롭고 좋은 것을 창작해야 된다는 중압감이 드는 것은 힘든 부분입니다. 특히 게임 사운드를 기획하고 제작하는 것은 추상적인 생각을 소리로 구체화해야 하죠. 때로는 현실에는 없는 소리를 제작해야 하는 부분이 힘들 수도 있어요. 사람마다 추구하는 생각이 다르기 때문에 모든 이들의 마음에 드는 소리를 만들어 내거나, 그 타협점을 찾는 일은 어려울 수 있습니다.

| 힘든 점 |

즐기기만 할 수는 없어요.

마냥 즐길 수 없다는 부분은 힘든 부분입니다. 게임을 만들 때 기획자마다 장점과 단점이 있고, 본인이 느끼기에 재미가 있고 없는 부분이 있지요. 항상 즐기기만 한다면 모든 일을 정상적으로 진행할 수 없습니다. 그래서 일과 놀이가 양립할 수 있도록 그 중심을 잘 잡는 것이 중요해요.

게임기획자 종사 현황

성별

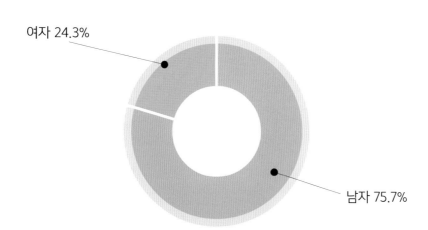

여자 24.3%

남자 75.7%

학력 분포

고졸		6 %
전문대졸		24 %
대졸		66 %
대학원졸		3 %

임금 수준(단위: 만 원)

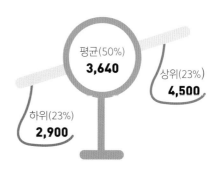

평균(50%)
3,640

상위(23%)
4,500

하위(23%)
2,900

전망: 증가(54%) l 현상유지(37%) l 감소(9%)

출처: 한국직업정보 재직자 조사

게임기획자의

생생
경험담

미리 보는 게임기획자들의 커리어패스

이터니티

펜타비전 디제이맥스 온라인 디제이맥스 포터블 1,2 개발

조용래

부산대학교 영어영문학과 졸업 (주)엑스엘게임즈
아키에이지 기획팀 입사

최민수

순천향대학교
영화애니메이션 학과 졸업 인디게임 카렌
시스템·레벨디자이너

이태경

동남보건대학교 관광영어과 졸업 네오위즈 INS 피파온라인 2 운영

진정한

경성대학교 음악학부 클래식 작곡 졸업

넥스트플로어 엘브리사 개발 현) 이터니티 용사학교 기획 및 개발

 현) 엑스엘게임즈 아키에이지 기획팀장

 현) 넷마블 몬스터길들이기
레벨디자이너

 다음서비스 퍼블리싱 게임 운영
및 로그분석 현) 디포게임즈 게임
콘텐츠 기획 서포트 및 레벨링

현) XL게임즈 사운드팀 사운드 디자이너

보드게임을 만들어 친구들과 게임을 하던 소년은 자연스럽게 게임 회사에서 일을 하게 되었다. 벽에 그림을 그리기 좋아하던 소녀는 자신이 만든 캐릭터를 움직이게 하고 싶었다. 두 사람은 온라인 개인 홈페이지로 만나 7년 연애 후 결혼했고, 지금은 부부 게임기획자로 살아가고 있다. 수많은 사람들과 협업하던 회사 생활과는 달리, 둘이서 직접 기획하고 개발하며 아이처럼 키울 수 있는 게임을 만든다. 지금은 모바일에 최적화된 판타지 어드벤쳐 슈팅게임을 만들어보자는 생각으로 시작한 '용사학교'를 제작하고 있다. 게임은 99%의 귀찮음과 1%의 재미로 만들어진다는 이터와 타리는, 게임을 만드는 할머니와 할아버지가 될 때까지 누구보다 두 사람이 가장 좋아하고 재미있어하는 게임을 만들고 싶다는 꿈을 꾼다.

이터니티
이성우·송은주

- 현) 이터니티 용사학교 기획 및 개발
- 전) 넥스트플로어 엘브리사 개발
- 전) 펜타비전 디제이맥스 온라인,
　　디제이맥스 포터블 1,2 개발

게임기획자의 스케줄

이터니티
게임기획자의
하루

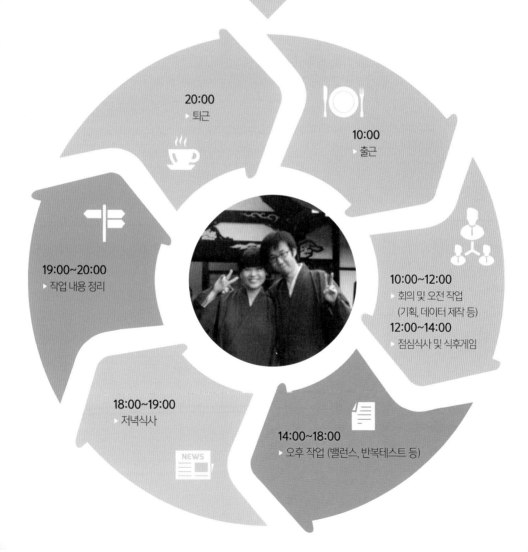

20:00
▶ 퇴근

10:00
▶ 출근

10:00~12:00
▶ 회의 및 오전 작업
(기획, 데이터 제작 등)
12:00~14:00
▶ 점심식사 및 식후게임

19:00~20:00
▶ 작업 내용 정리

14:00~18:00
▶ 오후 작업 (밸런스, 반복테스트 등)

18:00~19:00
▶ 저녁식사

게임을
좋아하던 소년,
그림을
좋아하던
소녀

▶ 어린 시절의 이터

▶ 타리의 유치원 졸업식

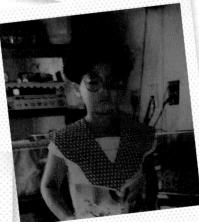
▶ 어린 시절의 타리

▶ 한 가족이 된 이터와 타리 그리고 루미

> **Question** 간단한 자기소개 부탁드립니다.

이터(이성우): 안녕하세요. 이터니티에서 게임기획 및 개발 등을 담당하고 있는 이터 이성우입니다. 글과 그림을 제외한 모든 업무를 담당하고 있다고 보시면 됩니다. 이터는 고등학교 때 활동했던 게임 제작 동아리 이터니티에서 가져온 가명이에요.

타리(송은주): 저는 이터니티에서 그림과 스토리 설정을 담당하고 있는 송은주입니다. 이터의 아내이자 루미의 엄마이기도 하죠. 탈이 많아서 타리라고 부르고 있어요.

루미(이루미): 저는 몬스터를 그리고 있는 9살 기획자 이루미입니다. 전속모델도 담당하고 있습니다.

> **Question** 어린 시절에는 어떤 학생이었나요?

이터(이성우): 보드게임을 만들어 친구들과 게임을 할 정도로 어린 시절부터 게임에 많은 관심이 많았어요. 게임을 좋아하는 친구들과 많이 어울렸죠. 초등학교 4학년 때 처음 컴퓨터를 접한 뒤에는 베이식을 이용해 팩맨이나 슈퍼보이 같은 간단한 게임을 직접 만들기도 했습니다. 베이식은 학원에서 잠깐 배운 것 외에는 거의 혼자서 공부했어요.

타리(송은주): 저는 벽에 그림을 그리기 좋아하는 학생이었습니다. 특히 여자 그림을 그리는 것을 좋아했어요. 기억을 더듬어 보면 처음 그린 그림도 빨간 미니스커트를 입은 여자였죠. 대학도 그림을 자유롭게 그릴 수 있는 미대를 가고 싶었지만 현실적인 어려움 때문에 실기 학원에 다니지 못했어요. 그러다 고등학교 3학년 때 성적만으로 미대 진학을 할 수 있는 학교가 있다는 걸 알게 되었어요. 수능 전 3개월 동안 열심히 공부를 해서 멀티미디어 디자인학과에 들어갔습니다.

학창시절 어떤 활동을 했나요?

이터(이성우): 고등학교 때 이터니티라는 동아리 활동을 했습니다. 이터니티는 영원이란 단어 뜻처럼 영원히 좋은 게임을 만들겠다는 의미로 만든 아마추어 인디게임 제작 동아리 예요. PC통신 시절 나우누리와 하이텔에서 활동하며 팀을 만들었죠. 대화방을 열고 다른 사람들과 이야기를 하면서 마음이 맞으면 함께 게임을 만들었어요. 지금 만들어지는 게임의 시초가 되는 게임들을 만들었죠. 그때 만들었던 RPG게임 엘크리스탈로 어느 대학에서 주최한 게임제작대회에서 상을 받았었고, 판타지 어드벤쳐 게임 슈팅은 게임 잡지에 실리기도 했습니다. 그 당시 함께 활동했던 친구들은 지금 유명 게임회사의 CEO나 주력 제작자로 활동하고 있어요. 대학교에서 교수로도 일하는 친구도 있네요.

Question **게임을 많이 하면 부모님께 혼나진 않으셨나요?**

이터(이성우): 많이 혼났죠. 중학교 때까지 상위권을 유지하던 성적이 고등학교에 들어가면서 떨어지자 부모님의 걱정도 이만저만이 아니었습니다. 특히 고3 때 학업에 손을 놓고 대학이 아닌 그래픽 회사에 취업을 하자 아버지와의 관계가 좋지 못했죠. 하지만 제가 계속 게임 업계에서 일을 하면서 부모님께서 저를 인정해주셨고 관계도 다시 좋아졌어요.

Question **타리의 대학 생활은 어땠나요?**

타리(송은주): 저 역시 집안 사정으로 수능이 끝난 직후부터 일을 했습니다. 부산의 작은 게임회사나 검색엔진 회사 등에 다니면서 대학교를 다녔어요. 회사에서 컴퓨터로 일하다 보니 어깨너머로 포토샵과 같은 디자인 프로그램을 배우게 되었는데, 오히려 학교에서는 현업과 다른 프로그램을 가르쳤습니다. 그래서 학교에서 배우는 것보다 일을 하면서 배우는 편이 더  좋겠다고 판단해 3학기 정도 다니고 대학교를 자퇴했죠. 자퇴하고 바로 서울로 상경해 본격적으로 게임 업계에서 일을 하기 시작했어요.

Question **언제부터 게임 업계에서 일을 해야겠다고 생각하셨어요?**

이터(이성우): 특별한 계기 없이 고3 때 부터 자연스럽게 게임 관련 회사에서 일을 하게 되면서 지금까지 한 길만 걸어오고 있습니다. 다른 업종에 관심을 갖고 도전을 해볼 만도 하지만 게임이 너무 좋아 계속 게임 관련 일만 하고 있네요.

　타리(송은주): 저도 게임을 좋아하는 학생이었는데 제가 그린 캐릭터를 조작하고 싶다는 생각을 하게 되어요. 그래서 게임회사에 들어가야겠다는 생각을 했죠. 그리고 이터를 만나고 함께 일을 하면서 다른 업종에 대해서 특별하게 관심을 두지 않았던 것 같아요. 고등학교 졸업 후도 자연스럽게 계속 그래픽이나 게임 회사에서 일을 하게 되었고요.

Question　포트폴리오는 어떻게 준비하셨나요?

- -

　타리(송은주): 이터는 19살 때부터 일을 했기 때문에 취업을 위한 별도의 포트폴리오 없이 일을 시작하게 되었습니다. 그리고 저는 별도의 포트폴리오를 준비하기보다는 평상시에 그린 것을 개인 홈페이지에 업로드하고 있어요. 지금도 작업물을 매번 개인 홈페이지와 회사 홈페이지에 올리고 있습니다.

Question　두 분은 어떻게 만나셨나요?

- -

　타리(송은주): 1999년 온라인 개인 홈페이지 열풍이 불었어요. 이터와 저도 개인 홈페이지를 만들어서 활동했고 서로 개인 홈페이지 방명록을 오가다가 친해져 결혼까지 하게 되었죠. MSN 메신저로 자주 대화를 하다가 이터가 저를 보고 싶다는 말을 하더군요. 그 당시 저는 부산에 살았고 이터는 서울에 살았기 때문에 제가 어디 사는지 몰랐던 이터는 잠깐 당황했지만 직접 부산까지 왔고 그 뒤 7년 연애 후 결혼까지 하게 되었어요.

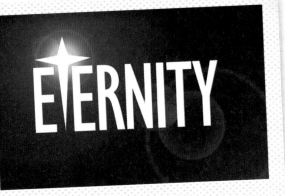

▶ 이터니티

아이처럼 **키우는** 게임을 만들다

▶ 이터니티에서 제작하고 있는 게임 <용사학교>

▶ 깜찍한 모델이 된 루미

현재 하시고 계신 일에 대한 설명을 부탁드립니다.

이터(이성우): 저희 부부는 현재 용사학교라는 게임을 기획하고 제작하고 있습니다. 타리는 그림과 설정, 스토리, 글을 담당하고 있고 루미는 몬스터를 기획하고 있습니다. 그리고 그 외에 모든 일을 제가 하고 있어요. 게임의 틀을 만들고 게임의 뼈대도 구축합니다. 시스템을 기획하고 데이터도 만들고 게임에 직접 적용해보기도 하죠. 그리고 적용한 것이 제대로 작동하지 확인하고 제대로 된 밸런스와 규칙인지 반복테스트도 실시하는데, 원하는 결과가 나올 때까지 지속적으로 반복하고 있습니다.

루미(이루미): 저는 용서학교를 만들면서 몬스터 초안을 그리고 있고 모델 일도 하고 있어요. 엄마가 그려달라고 하면 생각나는 대로 그리는데, 그 그림이 엄마와 아빠 손을 거치면 막 움직여서 신기해요.

Question 용사학교는 어떤 게임인가요?

타리(송은주): '용사학교 교장 선생님이 되어 용사 지망생들을 훌륭한 용사로 성장시키자!'는 내용을 담은 육성 매니지먼트 RPG입니다. 각지에서 모집한 용사들을 모집하고 관리하고 전투에 내보내서 마왕을 무찌르고 그 후의 이야기가 있는 게임이에요.

Question 지금까지 어떤 게임들을 제작하셨나요?

이터(이성우): 게임기획자라고 하지만 지금까지 기획만 했던 것은 아니에요. 학창시절엔 혼자서 게임을 만들다 보니 그래픽이 필요해서 그래픽이나 그림 공부를 했었죠. 그래서 처음 회사 입사도 도트, 3D, 애니메이션 작업 등을 하는 그래픽 회사에 들어가게 되었습니다. 그 후에는 제노에이지, 릴 온라인, 디제이맥스 온라인 포터블 1-2, C9 등 게임 제작에 참여하며 캐릭터 작업, 캐릭터 스킬 기획, 시스템 기획, 디렉터 등 다양한 분야의 업무를 진행했어요. 타리도 부산에서 서울로 올라온 뒤 대부분 저와 같은 회사를 다니면서 함께 게임을 만들었죠.

다양한 게임 기획 업무는 어떤 장단점이 있는지 궁금해요.

이터(이성우): 일을 시작한 뒤에 캐릭터 스킬 기획을 가장 많이 했었어요. 제가 캐릭터를 만들면 움직임을 바로 확인할 수 있어서 재미있었죠. 하지만 유저들을 직접적으로 만나기 때문에 유저들의 반응에 따라 좋아하기도, 실망하기도 하는 자리입니다. 축구에 비유하자면 공격수와 비슷한 거 같아요. 반면 시스템 기획은 미드필더나 수비수와 같다고 이해하면 쉬워요. 시스템 기획자는 게임을 장기적으로 끌고 나가도록 모든 것을 예측을 하는 업무입니다. 유저들의 반응도 예측할 수 있어야 하죠. 예측이 빗나가는 경우도 예측해야 한다고 얘기할 정도로 어려운 일인 것 같습니다. 하지만 그만큼 얻는 보람도 큰 업무예요. 마지막으로 디렉터는 감독의 역할을 하며 많은 사람들을 조율하고 관리해야 합니다. 사람마다 생각이 다르기 때문에 합의점을 찾고 일정에 따라 업무도 잘 배정해야 해요. 사람관리 반, 일정관리 반이라고 생각하면 되겠네요. 권한이 많은 만큼 책임도 큰 자리가 디렉터죠.

새로운 스토리를 만들 때
영감을 얻는 방법은 무엇인가요?

타리(송은주): 평소 읽었던 책이나 문화생활에서 얻은 지식을 바탕으로 기획을 합니다. 어린 시절부터 사회, 역사, 지리, 외교 등 다방면에 관심이 있어 다양한 책을 읽었는데 스토리를 기획할 때 큰 도움이 돼요. 또한, 관련 지식이나 경험을 떠올리면서 스토리를 구성해 나갑니다. 평소에 보고 듣고 하는 것들이 게임 스토리에 많이 반영되는 것 같아요. 캐릭터는 사회적 이슈에서 느낀 감정에서 영감을 얻기도 하고요.

지금까지 일을 하시면서
기억에 남는 에피소드가 있나요?

타리(송은주): '엘브리사' 게임이 순위 역주행을 했을 때가 가장 기억에 남아요. 2013년 12월 엘브리사를 처음 런칭했을 때 전반적으로 매출이 좋지 않았어요. 많은 사람들이 엘브리사에 대해 부정적으로 평가를 할 때, 저희는 큰 규모의 업데이트를 준비했고 회사에서도 업데이트에 맞춰 다시 홍보도 했습니다. 지속해서 업데이트를 하니까 2014년 2월 엘브리사의 매출 순위가 20위로 올랐어요. 매출 순위에서 찾아볼 수 없었던 게임이 눈에 띄게 순위가 상승하는 모습을 보니 기분이 매우 좋았죠. 또 한 유저가 '디제이맥스 포터블 1' 한정판을 일본의 인터넷 쇼핑사이트에 올려 30만 원에 판매했다는 글을 본 것도 기억에 남네요. 당시 판매가가 7만 원이었는데 일본에서 비싼 가격에 낙찰이 되는 것이 신기했어요.

부부 회사를 운영하게 된
계기는 무엇인가요?

타리(송은주): 우리 아이처럼 키울 수 있는 게임을 만들고 싶었습니다. 회사에 소속되어 게임을 만들 때에는 우리뿐만 아니라 회사에 소속된 다른 사람들과 함께 협업을 하기 때문에 우리 게임이라기보다는 회사 게임이란 생각이 많이 들었어요. 다른 사람들의 생각이 아니라 우리가 직접 기획하고 개발하는 게임을 만들고 싶어 이터니티를 만들게 되었습니다.

Question 새로운 게임은 어떻게 시작하게 되는지
궁금합니다.

이터(이성우): 이터니티는 다른 곳에서 프로젝트 의뢰를 받기보다 자체 기획을 통해 게임을 제작합니다. '이런 게임을 만들어 볼까?' 하는 생각이 들면 그 자리에서 바로 프로토 게임을 만들어 둡니다. 프로토 게임은 본격적인 제작에 앞서 간단하게 제작해 보는 게임인데 빠르면 일주일 안에 제작이 가능해요. 그래서 좋은 아이디어가 나오면 일단 프로토 게임으로 만들어 두고 여유가 있을 때마다 구체화를 시켜 나갑니다. 우선순위에 따라 하나씩 제작하죠. 우선순위는 재정적인 부분이 될 수 있고 우리의 흥미가 될 때도 있고요.

Question 집이 곧 회사인데, 근무환경은 어떤가요?

이타(이성우): 정해진 일과는 없습니다. 일어나면 일하고 졸리면 잡니다. 할 때는 하고 놀 때는 노는 성격이라 열심히 할 때는 잠을 3시간도 안자고 일을 할 때도 있지만, 집이다 보니 편해서 게을러지는 경향이 없진 않습니다.

타리(송은주): 저는 함께 집에서 근무하니깐 너무 좋아요. 일뿐만 아니라 육아도 함께 하는 기분이죠. 깨어 있는 사람이 먼저 밥도 하고 루미도 보고 일도 합니다. 물 흘러가듯 살고 있어요.

Question 직장에 소속되지 않고 독자적으로 게임을 만들며 고민했던 부분은 없었나요?

이타(이성우): 아무래도 금전적인 부분이 가장 먼저 고민이 되었습니다. 지금까지 열심히 일을 해왔기 때문에 주변 분들은 오히려 응원을 해 주셨지만, 저는 가장으로서 먹고사는 문제를 해결해야겠다는 생각을 했습니다. 그래서 직장을 그만두고 용사학교를 본격적으로 시작하기 전 3개월 동안 외주 개발을 받아 돈을 모으기도 했어요. 예전에 엘브리사를 제작하던 시절 출시 초기 매출은 형편이 없었는데 타리와 이를 악물고 열심히 해서 매출을 올린 경험이 큰 동기부여가 되기도 했지요. 얼마 전에는 크라우드 펀딩을 통해 개발비를 모은 적도 있습니다.

Question 크라우드 펀딩은 어떻게 시작하셨나요?

타리(송은주): 주변에서 소셜 펀딩을 해서 성공한 친구들의 제안으로 시작했어요. 용사학교를 소개하고 모금을 받았습니다. 펀딩 목표액이 천만 원이었는데, 훨씬 큰 금액인 186%를 달성했어요. 생각보다 많은 분들이 참여를 해주셔서 너무 기분이 좋았습니다. 하지만 관심 가지고 응원을 해주시는 분들을 보면서 그만큼 책임감도 커졌습니다. 현재는 매일의 작업 내용을 홈페이지에 업데이트하며 많은 분들의 관심을 이어가고 있습니다.

〈크라우드펀딩(crowdfunding)이란?〉

소셜 네트워크 서비스를 이용해 소규모 후원을 받거나 투자 등의 목적으로 인터넷과 같은 플랫폼을 통해 다수의 개인들로부터 자금을 모으는 행위. 대표적인 크라우드 펀딩 플랫폼으로는 미국의 킥스타터(www.kickstarter.com), 한국의 텀블벅(tumblbug.com)등이 있다.

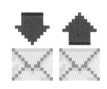

게임을 만드는 할머니, 할아버지가 될 때까지

▶ 이터와 타리의 결혼식

▶ 나도 아이언맨!

▶ 루미와 함께여서 행복해요

유저들에게 호평을 받는 게임의 특징이 있다면 무엇인가요?

타리(송은주): 요즘 게임은 개발이 반, 운영이 반이라고 할 수 있어요. 그만큼 라이브서비스가 게임 성패에 큰 영향을 미치죠. 그래서 유저들과 소통을 잘하는 게임일수록 유저들에게 호평을 받아요. 유저들의 요구를 잘 들어주면서 게임의 원래 의도를 충실히 지켜서, 밸런스가 깨지지 않는 게임이 좋은 게임이라고 평가받고 있습니다.

Question 육체적, 정신적 피로는 어떤 방법으로 해소하나요?

이터(이성우): 저는 남는 시간을 이용해 영화를 보거나 게임을 해요. 타리도 비슷하지만 종종 동생이나 친구들과 함께 노래방에 가서 노래를 부릅니다. 타리는 디제이맥스 출시 당시 OST 'Blythe'와 'Bright Dream', 'Lemonade', 'Space of soul' 등을 불러 음원사이트에도 등록이 되어 있을 정도로 실력도 있고요. 이번 용사학교 오프닝 곡도 타리에게 부탁할 생각이에요.

Question 게임기획자로 살아간다는 어떤가요?

이터(이성우): 게임을 좋아하면 누구나 게임기획자가 될 수 있지만 결코 쉬운 직업은 아닙니다. 게임기획자는 게임의 모든 부분을 알고 프로그래머와 디자이너들에게 설명해서 만들도록 해야 합니다. 그리고 좋은 결과물이 나올 때까지 꾸준히 데이터를 만들고 확인을 하는 일입니다. 이러한 과정을 묵묵하게 일하는 직업이 바로 게임기획자입니다. 의도와 다르게 게임이 제작될 때도 있고 좋지 못한 결과가 나오지 못할 때도 있어요. 만들고 싶은 게임을 만들지 못할 때도 있죠. 하지만 그럼에도 불구하고 묵묵하게 걸어가는 끈기가 필요합니다. 힘들고 어렵고 귀찮아도 묵묵하게 자기 일을 하며 기다리다 보면 결국 나만의 재산이 되어 기회가 오는 것 같아요.

Question 게임기획자가 되기 위해서는 어떤 마음가짐이 필요한가요?

타리(송은주): 엉덩이를 붙이고 오래 앉아 있는 끈기가 필요해요. 게임은 99%의 귀찮음과 1%의 재미로 만들어진다는 말을 종종 하곤 합니다. 게임 제작은 아주 귀찮은 일들의 연속이에요. 하지만 억지로라도 앉아서 일을 하다 보면 어느 순간 게임의 형태가 만들어져 있고 그때부터 재미있는 것들이 생기죠. 내일 해야지라는 생각은 버리고 하루에 조금씩이라도 일을 해야 완성할 수 있어요. 그리고, 약속을 지키는 사람이 되는 것입니다. 게임기획자는 다른 사람들과 협업의 시작이라 할 수 있어요. 마감을 지키기 위해 노력해야 하고, 성실함이 필요합니다.

이터(이성우): 게임기획은 창조적인 일이라고 생각하기 쉬워요. 하지만 게임기획자가 가장 많이 하는 일은 아마 단순 반복하는 작업일 겁니다. 가령 좋은 밸런스를 찾기 위해서는 계속 숫자를 바꿔가며 작업을 해야 해요. 아이템 역시 숫자를 기반으로 해서 제작이 되는데 100개의 아이템이면 100개를 수정해야 하고, 1000개면 1000개의 숫자를 계속 수정하는 일을 해야 합니다. 숫자 하나만 잘못 입력해도 자칫 게임의 밸런스가 깨져 게임이 망가질 수 있기 때문에 꼼꼼함이 필요해요. 좋은 아이템의 확률이 1%였는데 10%가 되는 순간 모든 아이템의 가치는 10배 이상 떨어지게 되죠.

앞으로 게임 제작시장은 어떻게 변화할 것이라고
생각하시나요?

이터(이성우): 게임 개발 무료 툴이 많아지면서 이제는 대규모로 만들어지는 게임의 수는 줄어들고 인디 게임들이 계속 늘어날 것 같습니다. 유저들은 점점 더 다양한 방법으로 게임을 즐길 수 있게 될 것이고 다양한 형태의 새로운 시장도 나타나겠죠?

타리(송은주): 앞으로 부부 게임개발자들이 많이 늘어날 것 같습니다. 인디 게임을 개발하는 분들이 모인 커뮤니티가 있는데, 생각보다 부부 게임개발자가 많아 놀랐어요. 게임 업계에서 일을 하다가 결혼하고 아이를 키우느라 경력이 단절되었는데 남편과 함께 일을 하게 되어 너무 좋았다는 글이 올라오기도 하고요. 공동 육아도 가능해져 가족끼리 더 화목하게 지낼 수도 있는 것도 장점이니까요.

Question 게임기획자로서의 목표는 무엇인가요?

타리(송은주): 게임을 만드는 할머니와 할아버지가 되는 것이 저희 부부의 목표입니다. 누구보다 우리가 가장 좋아하고 재미있어하는 게임을 만들고 싶어요. 우리가 재미있어하면 우리와 취향이 비슷한 사람들이 그 게임을 하면서 같은 즐거움을 누리겠죠?

이터(이성우): 〈센과 치히로의 행방불명〉, 〈하울의 움직이는 성〉 등을 그린 미야자키 하야오가 나온 스페셜 다큐를 본 적이 있어요. 영상에서 머리가 하얗게 센 미야자키 할아버지가 태블릿으로 동화를 그리고 있는 모습을 보게 되었는데 그 모습이 너무 멋지고 아름다워 보였죠. 그 뒤부터 나이가 들어서도 계속 만들고 싶은 게임을 잘 만드는 삶을 살고 싶다는 생각을 했습니다.

게임기획자를 꿈꾸는 친구들에게 해주고 싶은 말이 있나요?

이터(이성우): 게임을 직접 만들어 보세요. 아주 작고 간단한 게임이라도 좋습니다. 하나하나 만들 때마다 성장하는 자신을 볼 수 있을 거예요. 많이 만들면 만들수록 취업을 하고 일을 하는데 아주 큰 재산이 될 것입니다. 또한, 돈을 많이 벌겠다는 생각만으로 게임 업계에서 일을 하면 금방 지치고 그만두게 될 거예요. 게임을 통해 큰 부를 얻었다는 사람들은 대부분 초창기에 게임을 기획했던 사람들이죠. 지금은 전 세계적으로 게임을 만드는 사람들이 많아졌기 때문에 예전처럼 큰 부를 얻기는 어렵습니다. 게임을 좋아하는 사람이라면 아주 즐겁게 일을 할 수 있는 직업이니 자신의 성향을 잘 파악해 게임기획자를 꿈꾸셨으면 좋겠습니다.

소설을 읽거나 글을 쓰는 것을 좋아하던 학생은 동시통역사가 되고 싶어 대학교 영어영문학과에 진학했다. 하지만 '라그나로크'라는 게임을 플레이하며, 이 게임처럼 몰입감이 높은 가상세계를 만들고 싶다는 꿈을 꾸게 되었다. 크고 작은 공모전에서 수상을 하면서 포트폴리오를 준비했고, 게임 시나리오 작가에 도전했다. 이직이 잦은 게임 업계에서 한 회사에서만 벌써 10년 차 기획자가 되었다. 레벨 디자인 문서를 쓰는 일부터 퀘스트 디자이너, 퀘스트 파트장, 콘텐츠 파트장, 아키에이지 기획팀 콘텐츠 리드 업무를 거쳐 지금은 기획팀장으로 일하고 있다. 유저들이 즐거워할 때 가장 보람을 느끼고, 여전히 콘텐츠에 대한 유저의 반응을 보고 밤새 설레기도 한다. 게임을 통해 꿈을 찾고 이루었듯이, 누군가에게 좋은 추억이 되는 인생게임을 만들어 선물하고 싶다는 목표를 늘 마음에 품고 나아간다.

엑스엘게임즈 기획팀장
조용래

- 현) 엑스엘게임즈 아키에이지 기획팀장
- 엑스엘게임즈 아키에이지 기획팀 입사
- 부산대학교 영어영문학과 졸업

2016년 10월 2016 IGC 강연
2017년 4월 2017 NDC 강연

게임기획자의 스케줄

조용래
게임기획자의
하루

20:00
▶ 퇴근

10:00
▶ 출근

19:00~20:00
▶ 기획서 작성

10:00~12:00
▶ 국내·해외 라이브 서비스
동향 파악, 간단한 회의

12:00~13:30
▶ 점심식사

18:00~19:00
▶ 저녁 식사

13:30~18:00
▶ 개발 방향에 대한 기획 회의
▶ 기획서 작성
▶ 라이브 동향에 대한 유관 부서 회의
▶ 라이브 게임 플레이

현실같은
가상세계를
만드는
일을 꿈꾸다

▶ 어린 시절 바다에서

▶ 고등학교 친구들과 함께

▶ 나의 군대 시절

▶ 즐거웠던 GMP 활동

> **Question** 어린 시절에는 어떤 학생이었나요?

군인, 생물학자, 동시통역사가 되는 것을 꿈꾸고 소설을 읽거나 글을 쓰는 것을 좋아하던 학생이었어요. 처음에는 낯을 많이 가리지만 많은 사람들 앞에 서면 오히려 자신감을 가지는 특이한 성격이기도 했죠. 자랑하는 것 같아 부끄럽지만 성적은 꽤 우수했어요. 제가 학교 다닐 시절에는 남녀공학, 남녀합반이 흔하지 않았는데 성별을 가리지 않고 모두와 좋은 친구 관계를 유지했습니다. 고등학생 때는 동아리 회장을 맡을 만큼 적극적이었고, 이 적극적인 성격이 발전되어 현재 기획자 업무에도 긍정적인 영향을 주고 있는 것 같네요.

> **Question** 학창 시절, 특별활동 경험이 있나요?

시사 연구부 동아리에서 회장을 맡았습니다. 시사 연구부라는 이름처럼 딱딱한 분위기를 가진 동아리가 되지 않도록 학생들이 좋아하는 것이 무엇인지, 트렌드가 무엇인지 설문조사를 하며 기존의 틀에서 벗어나려던 노력과 시도들을 했어요. 간단한 신문을 만들어 배포하기도 했죠. 주간 방송 코너를 제작했던 경험도 있어요. 방송부가 프로그램의 아이디어가 필요했었는데, 저희 동아리에서 연예, 스포츠 등 학생들의 관심사에 대한 투표 결과를 반영하기도 하고 이와 관련한 선곡표를 만들기도 했습니다. 아주 즐거운 경험이었어요.

> **Question** 대학생활은 어땠나요?

고등학생 때 동시통역사가 되고 싶어 대학교 영어영문학과에 진학했습니다. 학교에서는 영문학 작품, 영어학 이론 등 다양한 부분을 배웠죠. 그 외 활동으로는 과외도 하고 PC방, 물건 판매 등 다양한 아르바이트를 해보려고 노력했어요. 새로운 것을 경험하면서 고등학교에서는 경험하지 못했던 세상에 대해 알게 된 놀라운 시간이었습니다.

그중 제가 몇 년간 회장을 맡았던 'Winners GMP'라는 영어 동아리 활동이 기억에 많이 남네요. 'GMP'는 KBS의 굿모닝팝스라는 방송 프로그램인데 전국에 많은 동아리가 있습니다. 열심히 동아리 활동을 하고 있는 사연을 방송에 응모했었는데, GMP에서 취재를 왔어요. 전국의 서점에서 우리 부산 동아리 소식과 동아리 사진을 볼 수 있게 되었죠.

Question 소설 작가로 글을 쓰신 경험이 궁금해요.

이십 대에 '이야기 바다'라는 인터넷 소설 홈페이지에서 활동하는 공식 작가 모임을 한 적이 있습니다. 인터넷 소설이 한창 인기가 있던 2000년대 초반입니다. 당시 귀여니 작가가 쓴 '늑대의 유혹', '내 남자친구에게' 등이 정말 큰 인기를 누리던 시기였죠. '세상이 더 좋아졌구나'라고 느꼈어요. 제가 중고등학교 시절에는 글을 쓰려면 종이에 써서 친구에게 보여주거나, 원고지에 써서 공모전에 응모하던 시절이었거든요. 이야기 바다의 중학생 작가님은 저보다 팬도 더 많았어요. 놀라운 경험이었죠!

그 당시 중고등학생들이 좋아할 만한 장르의 소설을 쓰는 작가가 인기가 많았지만, 저는 탄생화 시리즈를 연재했습니다. 따뜻한 이야기를 지어내 꽃말의 의미를 만들고자 했죠. 황새냉이에 대한 꽃말 이야기를 쓴 적이 있었는데 취직을 하고 나서 황새냉이 이야기가 마치 진짜인 것처럼 인터넷에서 이야기가 되고 있는 것을 보기도 했어요. 제가 쓴 이야기라고 지인들에게 메시지를 보내기도 했지만 아무도 믿지 않더군요. 365일 꽃말 시리즈를 모두 써서 책으로 출판하고 싶었지만 모두 쓰지 못하고 30개 정도만 연재하게 되어 아쉬웠습니다. 그리고 상상력으로 미래이야기를 쓴 소설들도 연재했습니다. 한 가전회사가 특수 이어폰을 개발해서 모든 사람들의 정신을 지배한다는 식의 내용을 담은 소설이었죠.

필명으로 사용하는 조약돌은 어떤 의미인가요?

조약돌처럼 언젠가 빛나는 사람이 되어야겠다는 의미로 필명을 사용하고 있습니다. 모나고 못생겼던 큰 바위가 오랜 시간을 거쳐 매끈한 조약돌이 되는 것을 보면서 조약돌의 가치가 참 크다는 생각을 했어요. 어린 시절에는 온새미로라는 필명을 사용했었는데 문학공모전에서 100만 원 이상의 상금을 받게 되면 필명을 바꿔야겠다고 막연하게 생각했습니다. 크고 작은 문학공모전에서 수상을 했지만 상금 금액은 100만 원이 안 되었거든요. 그러다 어느 대학교에서 주최한 대학생 문학공모전에 참여해 대상을 받게 되었는데 그때 상금이 정확히 100만 원이었습니다. 지구를 침략한 화성인이 지구인을 복종시키기 위해 생일 잔치를 금지시켰다는 내용을 담은 미래이야기였죠. 그때 필명을 바꿨어요.

게임기획자가 되어야겠다고 언제 결심했나요?

'라그나로크'라는 게임을 플레이하다가 든 '아, 나도 이런 게임을 만들어보고 싶다!'는 생각이 게임 업계로 들어서게 된 계기가 되었습니다. '라그나로크'는 2000년대 초반 유행했던 정액제 게임인데 유저들 사이에서는 유료 아바타 채팅 게임이라고 불릴 정도였죠. 당시 다른 길드 사람들은 오지 못하고 우리 길드 사람들이 가는 특정 도시가 있었는데 거기에 모여 하루종일 채팅만 했습니다. 길드 사람들과 함께 하면서 소속감을 느끼게 되고 마치 현실세계와 같다는 생각을 했어요. 그때 '라그나로크'와 같이 몰입감이 높은 가상세계를 만들고 싶다는 생각을 하게 되었습니다.

그래서 처음에는 게임 시나리오 작가가 되는 것이 꿈이었어요. 크고 작은 공모전에 도전을 했었는데 여러 공모전에서 수상을 하면서 작가로서의 가능성을 알게 되었죠. 그래서 더욱 자신감을 가지고 도전했습니다. 포트폴리오에 여러 공모전에 대한 수상 작품과 게임 기획서 등을 올렸습니다. 열심히 한 분야만 집중적으로 준비해서, 게임 시나리오 작가로 일하게 되었어요.

유저들이
즐거워할 때
가장
보람된 일

▶ 아키에이지 강남역 광고

▶ 크레이지 아케이드 캐릭터 배찌와 함께

2017 NDC에서
조용래 기획팀장님의
강연이 열립니다.

♥ Love   💬 Comment   ➤ Share

염영창 IGC에서는 학생이고 기획취준생이자 아키에이지 유저였지만 이젠
업계 후배로 찾아뵙겠습니다!

▶ 게임업계 후배로 만나고 싶다는 기분좋은 연락

▶ 나의 회사, 엑스엘게임즈

진로를 결정할 때 멘토가 있었나요?

시나리오 라이터로 일을 시작할 때 비전을 크게 생각했습니다. 당시에는 큰 인기가 없는 분야지만 꾸준히 노력하면 업계에서 이름이 알려질 것 같았어요. 그리고 만화 시나리오 작가를 꿈꾸던 당시의 김유빈(필명) 만화 작가님, 영화 시나리오 작가를 꿈꾸던 당시의 박건섭 선생님 등 인생의 멘토분들은 제가 시나리오 작가의 꿈을 버리지 않도록 많은 조언을 해주셨습니다. 그리고 부모님도 제가 원하는 길을 가라고 말씀하시며 저를 믿고 응원해주셨죠.

게임 시나리오 작가로서의 업무는 어땠나요?

글이 아니라 게임으로 시나리오를 표현해야 하기 때문에, 시나리오 작가로 일을 하는 것은 어려웠습니다. 보통 시나리오 작가들은 전설이나 신화를 많이 차용해서 시나리오를 씁니다. 이때, 단순히 글로 표현하는 것을 넘어서 게임 안에 이야기를 잘 녹여내야 해요. 시나리오를 쓸 때는 경험이 중요한데, 전혀 다른 상상의 세계관일 경우는 직접 경험하지 못하기 때문에 제 생각을 정확히 전달하기가 힘들었어요. 제가 어떤 의도를 가지고 게임 시나리오를 구성했을 때, 그 의도를 유저뿐만 아니라 회사 내 다른 팀원들도 알아채지 못할 때가 종종 있었죠.

기술적인 어려움도 있었습니다. 소녀가 토끼에게 말을 걸면 토끼가 소녀를 따라가는 방식의 이야기를 비공개 테스트 퀘스트에 담은 적이 있어요. 모든 유저들이 토끼를 데리고 다녀야 하는데 종종 길에 토끼를 버리는 문제가 생겼죠. 토끼가 너무 많아져서 서버가 다운되고 접속이 끊어지기도 했고요. 이렇게 시나리오 작가 초기 시절에는 게임이 구현되는 방식을 잘 몰라서 모든 이야기를 다 담지 못하는 부분이 있었습니다.

Question 현재 어떤 일을 하고 계신가요?

　㈜엑스엘게임즈의 대표 MMORPG '아키에이지(ArcheAge)' 프로젝트에서 기획팀장을 맡고 있습니다. 아키에이지는 2017년 1월 현재 라이브 서비스 4주년이 된 게임이고 현재 전 세계 64개국에서 사랑받는 게임이죠. 여러 업데이트와 밸런스 패치 등을 적극적으로 진행하며 라이브 서비스를 하고 있습니다. 저를 게임 기획자의 길로 인도한 '라그나로크'가 인생 게임이라면, '아키에이지'는 제 인생입니다.

Question 게임 회사에서의 하루 일과는 어떻게 보내시나요?

　출근하면 가장 먼저 현재 라이브 서버의 동향에 대해 점검하고, 커뮤니티 동향을 파악합니다. 게임 라이브 서비스에서는 게임 유저가 어떻게 느끼고 있고 어떤 플레이를 하고 있는지를 아는 것이 가장 중요하거든요. 그리고 다음 업데이트 방향에 대해 팀원들과 논의를 합니다. 때론 긴급 회의가 있기도 하고요.

Question 이직이 많은 게임 업계에서 한 회사에서만 일하셨네요?

　2007년 5월 엑스엘게임즈에 입사했으니 벌써 10년 차가 되었습니다. 처음 입사했을 땐 아키에이지의 솔즈리드 반도 지역의 레벨 디자인 문서를 썼습니다. 현재 게임에서도 그때의 초안이 많이 남아있어서 추억이 많이 남는 지역이기도 해요. 그리고 아키에이지 기획팀 쿼

스트 디자이너, 퀘스트 파트장, 콘텐츠 파트장, 아키에이지 기획팀 콘텐츠 리드 업무를 했고 2015년 11월에 기획팀장이 되었습니다. 기획팀장이 되어서는 〈2.9 노아르타: 정복자들〉, 〈오키드나의 증오〉, 〈태초〉 등 업데이트를 진행했고 2016년 10월에는 IGC 2016 강연도 했죠.

아키에이지는 어떤 게임인가요?

현재 우리나라를 비롯해서 북미, 유럽, 중국, 러시아, 일본 등 64개국에서 사랑 받고 있는 (주)엑스엘게임즈의 글로벌 MMORPG입니다. 바람의 나라, 리니지를 제작한 한국 MMOR-PG의 아버지 송재경 대표가 개발을 진두지휘하고, 룬의 아이들, 세월의 돌의 판타지 소설가 전민희가 세계관을 맡고, 음악가 윤상이 OST를 맡은 게임입니다. 다른 게임과 다른 점은 유저들의 자유도가 높은 게임이라고 흔히 설명합니다. 다른 게임은 보이지 않는 곳은 가지 못하지만 아키에이지에서는 모든 곳을 갈 수 있고 모든 것을 할 수 있습니다. 새로운 산을 점령하고 인증샷을 찍어 올리시는 분들도 볼 수 있죠. 재판 시스템도 있을 정도로 현실과 최대한 비슷하게 만들어져 있어 현실에서 할 수 없는 대리만족을 얻을 수 있는 게임입니다.

〈MMORPG는 무엇인가요?〉
대규모 다중사용자 온라인 롤플레잉 게임(Massively Multiplayer Online Role-Playing Game)의 줄임말. 좁은 의미로는 같은 필드 내에서 수십 명~수백 명 정도의 플레이어가 동시에 접속하는 롤플레잉 게임(RPG), 넓은 의미로는 수천 명 이상의 플레이어가 인터넷을 통해 모두 같은 게임, 같은 서버에 접속하여 각자의 역할을 맡아 플레이하는 RPG의 일종이다.

Question IGC 2016 강연은 어떤 내용이었나요?

온라인 게임 전문웹진 인벤에서 매년 인벤 게임 컨퍼런스(IGC)를 진행합니다. 게임 업계 사람들뿐 아니라 학생과 게임 유저들도 참석을 하는 자리에서 '아키에이지 라이브 서비스에서 얻은 경험'이란 제목으로 강연을 했습니다. 지난 10년 동안 아키에이지를 제작하고 4년 동안 라이브 서비스를 하면서 경험했던 내용들을 소개했었습니다. 저는 게임업계 후배와 아키에이지 게임 서비스에 도움이 되고자 이러한 강연들이 있으면 적극 참여하는 편입니다. 넥슨에서 진행하는 2017년 넥슨 개발자 컨퍼런스(Nexon Developer Conference)에도 참석해 다양한 노하우들을 소개했습니다.

Question 게임기획자라는 직업을 가졌을 때 주변의 시선은 어떠했나요?

'취미 생활을 일로 하는 것이 부럽다'는 것이 가장 큰 시선이었습니다. 물론 가끔 게임 업계에 계신 분들은 '취미 생활이 일이 되는 것이 힘들다'고 말하기도 하죠. 게임기획자가 되어보니 외부에서 바라보는 시선과는 다르게 많은 지식이 필요한 분야라는 것을 알게 되었습니다. 특정 분야에 대한 깊은 지식을 가지고 있어야 함과 동시에 여러 분야에 대한 얕은 지식도 많이 알고 있어야 큰 도움이 되는 직업인 것 같아요.

Question 기억에 남는 에피소드가 있다면 들려주세요.

게임에서 만나 실제로 결혼을 하신 분들을 볼 때가 종종 있습니다. 요즘은 커뮤니티가 잘 되어 있어서 오프라인 모임을 통해 인연을 만나는 분들도 많이 있고요. 실제 결혼까지 하시는 분들을 보면 기분이 새롭습니다. 최근에는 부산에서 유저 두 분이 결혼을 하신다는 소식을 홈페이지에 올려주셔서 직접 부산에 가서 축하를 해드린 적이 있어요. 결혼식 날짜가 운영 팀장 결혼식과 겹치는 날이었지만 유저 결혼식에 간다고 하고 부산을 갔죠. 결혼하시는 유저분은 저를 알아봐 주시고 행진하다가 "감사합니다"라고 인사를 해주셔서 저도 같이 감동 했습니다. 또 결혼식장에 오신 다른 유저분들과도 함께 게임 이야기를 하며 다양한 의견을 교환하기도 했지요. 이야기를 들어보니 게임에서 만나 실제로 결혼하시는 분들은 게임 안에서 한 번, 실제 결혼식에서 한 번, 이렇게 두 번을 하는데 게임 안에서 결혼을 할 때는 축의금을 게임머니로 받는다는 것도 알게 되었어요. 그래서 요즘은 게임에서 결혼 생활을 먼저 해보고 실제로 결혼 생활을 하라는 이야기를 농담 삼아 하기도 합니다. 하하.

Question 게임기획자로서 보람을 느낄 때는 언제인가요?

유저들께서 좋은 패치라며 즐거워할 때가 가장 보람을 느낍니다. 제가 만든 콘텐츠에 대한 유저 반응을 보고 밤새 설레기도 하고요. 반대로 게임 업데이트에 대한 반응이 좋지 않을 때 가장 슬프고 힘이 들기도 합니다. 같은 내용의 업데이트라도 사람마다 생각하는 바가 다르기 때문에, 강하게 항의하시는 분들은 직접 찾아뵙거나 자세한 답변을 통해 원래의 의도를 설명해드리기도 해요. 그리고 개선점에 대한 의견을 주시면 검토 후 최대한 빠르게 수정하고자 노력하고 있습니다.

기억에 남는 게임 유저가 있으신가요?

최근 페이스북을 통해 NDC 강연을 공지한 적이 있는데 한 유저분의 댓글이 저에게 큰 감동을 주었습니다. IGC에서는 학생이자 게임기획자 지망생이었는데 최근 넥슨 강연에서는 업계 후배로 찾아뵙겠다는 내용의 글이었습니다. 이런 분들을 볼 때마다 기분이 참 좋습니다.

▶ 아키에이지는 나의 인생!

▶ 사랑하는 가족과 함께

좋은 추억,
인생 게임을
선물하기 위한
여정

게임 기획을 하며 난관에 부딪혔던 순간이 있나요?

일을 하면서 겪는 어려움은 크게 두 가지 종류입니다. 하나는 기술적이나 시간적, 경제적 제약이 있을 때, 다른 하나는 업데이트 이후 유저들의 부정적인 피드백이 강할 때 입니다. 게임을 기획하거나 개발을 할 때 현실적인 어려움이 생길 때가 있습니다. 무언가를 만들고 싶지만 높은 난이도로 만들지 못할 때나 정해진 일정이 있어 그 기간 내에 끝내지 못할 때가 그 예죠. 이때는 기획 의도의 핵심은 지키되 실행 가능한 형태로 만들려고 합니다. 컵을 만들 때로 비유를 하자면 물을 담는 컵의 용도는 유지하고 다양한 모양을 받아들이는 거죠. 업데이트에 대한 유저들의 반발이 있는 경우엔 잘못한 부분은 사과하고 원래 의도를 자세하게 설명 드리면서 소통으로 문제를 해결하려고 해요. 예전에 게임에서 어떤 게이지를 사용하면 마일리지처럼 자동으로 쌓이는 생활점수 서비스를 진행하다가 직접 활동을 해야지 얻을 수 있는 포인트로 변경했던 적이 있습니다. 3년 동안 익숙했던 서비스였기 때문에 처음에는 유저 분들의 불평이 많았지만 기존 방식으로 돌리기보다는 더 다양하고 쉽게 포인트를 얻도록 수정하고 의도를 설명 드렸습니다. 결국 저희 의도를 이해해주시고, 부정적인 피드백도 점차 줄어들어 지금은 안정화되었죠.

Question 육체적, 정신적 피로는 어떤 방법으로 해소하나요?

회사에서 일이 많거나 어려운 일이 있을 때에는 잠깐 나가서 산책을 합니다. 걷다 보면 많은 문제에 대한 답이 생각나거든요. 그리고 시간이 생기면 여행을 갑니다. 새로운 것을 보면 머리가 맑아지고요. 시간이 없을 때는 집에서 샤워를 하면서 피로를 날리기도 하고, 새로운 답을 얻기도 하죠. 쉬는 날에는 게임을 많이 하거나 영화를 많이 보려고 합니다. 취미 생활로 즐기는 승마, 회사 동호회에서 즐기는 야구 등의 스포츠를 하기도 합니다.

게임기획자로서의 목표는 무엇인가요?

누군가에게 좋은 추억이 되는 게임을 만드는 것이 목표입니다. 저에게 인생게임이 된 라그나로크와 같이 누군가에게 인생게임이 되는 그런 게임을 만들고 싶습니다. 현재 서비스 중인 아키에이지도 그렇게 되기 위해 노력 중이에요. 가끔 유저 분들 중에 저희 게임을 하고 게임기획자가 되신 분들의 이야기를 듣게 되는데 그때 기분이 정말 좋아요. 그리고 쉰 살이 넘으셨지만 현업에서 업무를 직접 하고 계신 저희 회사 송재경 대표님처럼 일을 하고 싶습니다.

Question **게임기획자 일 외에 어떤 일을 해보고 싶으세요?**

게임기획자의 삶은 매일매일 유저분들의 반응에 일희일비하며 설레는 삶인 거 같아요. 일반 회사에 비해 조금은 자유로운 분위기 속에서 직급이나 직책에 상관없이 게임이라는 주제로 자유롭게 토론할 수 있는 직업인 것 같습니다. 기획자로서 역할 외에 해보고 싶은 일이 있다면, 최근에는 게임 업계 후배 양성에 관심을 가지고 있습니다. 기회가 있다면 여러 강연을 참여해서 게임 업계에 대한 다양한 이야기를 들려주고 싶어요. 그리고 방송작가나 방송 PD 등 방송 일을 해보고 싶기도 하고요. 게임이 유저에게 즐거움을 제공하는 것처럼 방송도 시청자에게 즐거움을 주는 공통점이 있으니까요. 작사가가 되고 싶어 가끔 가사를 쓰기두 했는데 최근에는 그 꿈을 이뤘습니다. 대표님께 게임 OST를 직접 작사하고 싶다고 말씀드렸더니 흔쾌히 허락해 주셨죠. 그래서 지금 저작권자로 등록이 되어있기도 합니다. 앞으로도 더 많은 곡의 가사를 쓰고 싶어요.

　게임에 대한 열정이 가장 중요하다고 생각합니다. 단순히 게임을 즐기는 수준을 넘어서 현재 트렌드에서 새로움을 발견하며 상상의 나래를 펼쳐봤으면 좋겠습니다. 직접 경험이든 간접 경험이든 다양한 경험을 하면 큰 도움이 될 것 같습니다. 게임 기획자는 밸런스 기획자, 콘텐츠 기획자, 시나리오 기획자, 레벨 기획자 등 다양한 세부 업무로 나눠지기 때문에 적성에 따라 한 분야를 정하는 것도 좋을 것 같네요. 현재 그림을 그리는 로봇, 프로그램을 짜는 로봇도 생겼고 AI가 게임 업계도 대체하겠지만 게임 기획은 단순히 기술이 아니라 심리학을 기반으로 하는 사람의 감정을 담기 때문에 그래픽 디자이너나 개발자에 비해 가장 마지막까지 존재할 수 있는 직업이라고 생각합니다. 그래서 게임기획자를 희망한다면 심리학을 공부하는 것도 도움이 되죠.

몬스터 헌터, 언차티드, 프린세스 메이커, 젤다의 전설 등의 게임을 하며 자랐다. 특정한 장르의 게임을 고집하기보다는 언제나 몰입이 잘 되는 게임을 좋아했다. 게임 원화가로 일하다가, 기획에 맞춰 그림을 해석하고 그려주는 직업보다는 직접 인물과 배경을 만들어내고 사람들이 그 속에서 소통하도록 하는 일을 하고 싶었다. 첫 인디게임 개발 프로젝트에서 기획자 역할을 맡게 되며 그 2%의 아쉬움을 채웠다. 지금은 넷마블에서 모바일 게임 '몬스터길들이기'의 레벨 디자인 기획을 맡고 있다. 기획은 꾸준한 공부가 필요하다는 최민수 레벨 디자이너는, 전달력이 뛰어나고 누구나 함께하고 싶은 기획자가 되고자 오늘도 열심을 다 하며 즐겁게 일하고 있는 중이다.

넷마블 레벨디자이너
최민수

- 현) 넷마블 몬스터길들이기 레벨디자이너
- 전) 인디게임 카렌 시스템·레벨디자이너
- 순천향대학교 영화애니메이션 학과

게임기획자의 스케줄

최민수
게임기획자의
하루

18:50~19:00
▸ 퇴근

10:00
▸ 출근

17:30~18:50
▸ 작업 정리 및 마무리,
업무표 작성

10:00~10:30
▸ 업무내용 확인 및 정리
10:30~11:30
▸ 스크럼(아침 회의)
11:30~12:50
▸ 이슈(버그나 특이사항)
일감 확인 및 수정

14:00~17:00
▸ 차후 콘텐츠 작업
또는 기획서 작성
17:00~17:30
▸ 휴식 (주로 파트원끼리 수다)

12:50~14:00
▸ 점심 식사

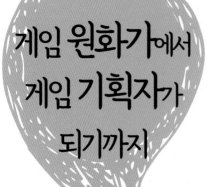

게임 원화가에서
게임 기획자가
되기까지

▶ 그림을 그리던 어린 시절

▶ 바둑판 앞에서!

▶ 파티와 이벤트를 좋아했어요

Question 어린 시절에는 어떤 학생이었나요?

활동적인 측면에선 활달하기보다는 앉아있는 걸 좋아하는 성향이었어요. 밝고 부드러운 성품을 가졌고, 적은 수의 친구를 깊게 사귀는 편이었습니다. 주장이나 생각이 강하고 아집이 있는 편이었지만 나이를 먹을수록 상대의 이야기도 수긍하고 공유하는 것을 좋아하는 성격으로 좀 더 바뀌었어요. 제 자신에게는 냉정한 평가를 내리고 싶어했습니다. 기본적인 제 성향을 알고 있기에 상대의 의견이나 이유 등에 좀 더 경청하고자 노력했고 반대로 제 실수나 잘못에 있어선 사과와 앞으로의 해결 방안 등을 먼저 생각하고 이야기하려고 했어요. 그리고 몬스터 헌터, 언차티드, 프린세스 메이커, 젤다의 전설 등의 게임을 좋아했는데 특정한 장르의 게임을 좋아했다기보다는 몰입이 잘 되는 게임을 좋아했죠.

Question 장래희망은 무엇이었나요?

그림을 그리는 화가나 게임 원화가가 되고 싶었습니다. 어릴 적부터 게임에 대한 관심이 많았고 그림 그리는 데 흥미가 있었죠. 손을 움직이는 것과 스토리를 좋아해 국어와 미술 과목을 좋아하기도 했습니다. 독서 감상부와 음악 감상부, 미술부에 들어가서 활동을 했어요. 비즈공예부에도 들어가 활동한 적도 있고요.

Question 대학교 전공을 어떻게 선택하게 되었나요?

당시 미술을 하고 있었기 때문에 제 전공에 맞춰 미술 관련 영화애니메이션과를 선택했습니다. 해당 전공을 이수할 경우 게임 업계에서 일할 수 있다는 학과 진로 소개서를 보고 지원하게 되었죠. 학교에서 시나리오의 기본 구성과 안정된 장면의 연출, 카메라 등에 대해 배웠어요. 게임 원화 작업, 광고 이미지 작업, 스토리보드 외주 작업 등의 아르바이트도 했습니다.

Question 대학에서 기억나는 활동은 있으신가요?

   굉장히 바쁘고 열심히 대학 생활을 했어요. 장학금을 받겠다는 목표가 뚜렷해서 주변 친구들과 많이 어울리지 않고 주로 공부에 매진했습니다. 학교 공부와는 별개로 게임 기획 공부와 소규모의 개발 등에서 손에서 떼지 않고 인터넷 검색이나 인터넷 강의를 통해서 꾸준히 개인적으로 공부했습니다. 평소 하고 싶었던 인디게임 개발도 대학 동아리에서가 아니라 외부의 지인과 친구들끼리 함께 했었어요. 인디 게임 개발을 할 때 사람마다 각자 원하는 방향은 너무나 다르구나 느끼기도 했죠. 분명 같은 프로젝트를 함께 하면서도 누군가는 애정이 금방 식고 또 다른 누군가는 열정이 넘치고 하는 모습을 보며 자신의 기호와 책임감은 사람마다 다를 수 있구나 생각하게 되었죠.

Question 언제 게임기획자가 되어야겠다고 생각했나요?

   대학교와 원화 학원을 다니던 중 게임회사의 외주 제작일을 받아서 일을 한 적이 있었어요. 게임 원화가는 기획서를 받아서 그 기획에 맞춰 그림을 해석하고 그려주는 직업이었습니다. 하지만 저는 직접 게임에 등장하는 인물이나 배경을 묘사하고 싶었기 때문에 게임 원화가가 아닌 다른 길을 찾아보자고 생각하게 되었어요. 다른 누군가가 만들어낸 캐릭터를 이해하고 해석하는 일도 재미있겠지만, 제가 생각하는 세계 내에서 사람들이 소통하고 제가 기획한 NPC들과 교류하는 모습을 보고 싶었어요. 그 뒤에 첫 인디게임 개발 프로젝트를 하면서 제가 기획자 역할을 맡게 되었는데 원화가의 역할과 직무에 대한 아쉬웠던 2%가 채워지면서 꿈을 전향하게 되었습니다.

<NPC란?>
논플레이어 캐릭터(non-player character, NPC)는 게임에서 사람이 직접 조작하지 않는 캐릭터를 말한다. NPC는 플레이어가 직접 조작하지 않는 캐릭터를 통해 게임 세계의 존재감을 드러내는데, 단순히 구경꾼이나 상인일 수도 있고, 동료나 적일 수도 있다. 게임 특성에 따라서는 퀘스트를 부여하기도 하고 길드를 만들어주거나 일부 아이템을 공짜로 주는 등 게임을 즐기는 플레이어에게 부가적인 도움을 주기도 한다.

 게임기획자가 되기까지 어떤 과정을 거쳤나요?

저는 게임 원화가에서 시작해 인디게임 AD와 인디게임 기획자 과정을 거쳐 현재 게임기획자라는 자리에 도착하게 되었어요. 인디게임을 개발하면서 개인적으로 하고 싶었던 부분이 원화보다는 기획 분야라는 것을 확신하게 되었고, 게임 기획을 위한 공부를 개인적으로 많은 시간을 가지고 꾸준히 했습니다. 그리고 이전까지의 작업물을 바탕으로 첫 면접을 보았지만 상황적으로나 실력으로나 아쉬운 부분이 많아 결국 탈락했어요. 그래서 부족한 부분을 보충하고자 게임개발에 대한 기본적인 개념 및 이해부터 천천히 공부하며 약 10개월을 차근차근 준비했습니다 주변으로부터 많은 피드백을 받으며 포트폴리오를 새로 제작하게 되었습니다. 제 오리지널 프로젝트 포트폴리오를 기반으로 준비하다가 점점 제가 입사를 하고 싶은 회사 전용 포트폴리오를 따로 만들어 결국 원하던 게임업계에 입성하게 되었죠.

▶ 일본 여행에서

▶ 게임회사에 입사한 후 떠난 여행!

게임을 다채롭게 하는일

▶ 인디게임 제작 후 홍보 부스에서

진로를 선택할 때 가장 영향을 많이 주신 분은 누구인가요?

제 스스로 진짜 원하고자 하는 방향이 무엇인지, 충분히 할 수 있는 능력이 있는지 등을 판단해서 진로를 선택했습니다. 그리고, 인디게임 프로젝트를 시작하며 함께 일했던 기획자 친구에게 영향을 많이 받았어요. 당시 제가 보지 못하는 부분까지 이해하고 정리하는 모습이 멋진 친구였고, 게임 기획자라는 부분에 있어 멘토 역할을 해주었죠.

현재 어떤 일을 하고 계신가요?

넷마블 회사에서 서비스 중인 '몬스터길들이기' 게임의 레벨디자인 기획을 맡고 있습니다. 플랫폼이 모바일이라 레벨디자인 내에 들어가는 레벨/몬스터 밸런싱, 콘텐츠를 함께 맡고 있어요. 레벨디자인이란 기획 부분 중에서 맵에 어떤 몬스터가 나올지, 어느 정도의 레벨로 나오게 할지, 어디서 나오게 할지 등을 고민해 세계관이나 설정에 맞춰 정하고 기획하는 일을 하는 일입니다.

하루 업무 일과는 어떤지 궁금해요.

10시까지 출근해서 전체적인 서버에 이전 날 업데이트 된 것을 확인하고 제가 이어서 해야 할 업무를 체크합니다. 1시까지는 업무에 필요한 사항들을 모두 정리하거나 이전에 하던 작업을 마저 하지요. 2시까지 점심을 먹은 후에는 약 5시까지 이제까지의 작업물이 충분히 잘 나왔는지 테스트를 해요. 테스트는 일반적으로 한 작업물 당 10번 정도를 하며, 그때 그때

분량이 다릅니다. 6시까지 해당 작업물의 수정사항이 더 없는지 검사 및 확인하죠. 이후 퇴근인 7시 까진 제가 오늘 한 일정에 대해 업무표를 정리하고, 내일 할 일정을 미리 체크해 놓습니다.

Question 회사 근무 환경은 어떠한가요?

우선 회사 복지가 굉장히 잘 되어있고 각자의 자리를 자신이 원하는 방향에 맞춰 꾸미는 것에 관대한 편이에요. 게임 업계는 다른 업계에 비해 직원 복지가 잘 되어 있는 것 같습니다. 엉덩이를 의자에 오래 붙이고 앉아있을수록 좋은 결과물을 낼 수 있기 때문에 건강 및 정신적인 측면에서 많은 보호가 필요하기 때문이죠. 그래서 음료 제공이나 휴식처 마련 등이 꾸준하게 잘 관리되고 있어요. TF형태(Task Force)로 프로젝트가 시작되거나 끝날 때, 팀원이 해산되지 않고 다른 팀으로 전배 하는 것을 기초로 하고 있답니다.

> **<태스크포스(task force, TF)란?>**
> 구체적인 특정 목적을 위해 일시적으로 편성되는 부서나 조직

Question 게임기획자가 되신 후 첫 업무는 무엇이었나요?

처음 입사를 했던 시기가 9월이었어요. 할로윈 이벤트 던전을 만들게 되었죠. 당시 이벤트의 전체적인 레벨 기획을 맡았기에 콘셉트, 레벨 디자인, 밸런싱 등을 모두 하게 되었습니다. 일을 하면서 게임 개발 툴에 대해 좀 더 심도 있게 배

웠고 그 과정에서 각 파트별로 유의해야 하는 점이나 다른 방향으로 모색하는 법과 같은 기술적인 측면을 많이 알게 되었습니다.

Question **레벨 디자인, 밸런싱, 콘텐츠 기획 등의 업무 중 각각 장단점은 무엇이고, 어떤 점이 매력있나요?**

우선 레벨 디자인은 사람들이 사용하는 캐릭터나 무기 등이 게임 내에서 문제가 되지 않고 꾸준하게 스토리나 전투가 이루어질 수 있도록 하는 역할입니다. 맵에서 나오는 몬스터, 위치 등을 설정해 주는 포괄적인 일이예요. 창조적으로 캐릭터가 뛰어놀 수 있는 장소를 제공한다는 점에서 게임 개발자의 역할을 생각하게 하고 자부심도 느껴지죠. 다만 맵 내에서 캐릭터가 전투를 하거나 이동 시 큰 변수가 생기지 않도록 염두하고 있어야 합니다. 각 캐릭터의 이동 속도나 전투 스타일에 따라 굉장히 차이가 크기 때문에 항상 살펴보고 확인해야 할 것들의 분량이 많은 편이에요.

밸런싱은 캐릭터가 해당 스테이지나 장소를 충분히 클리어할 수 있도록 몬스터의 공격속도, 이동속도, 스테이터스 수, 상태 이상 효과 등을 확인하고 수정하면서 가장 무난하고 이상적인 모습을 만들고 다듬어주는 역할입니다. 기획 의도에 맞춰 깔끔하게 맞아 떨어져 나올 때 굉장히 기쁘고 만족스러워요. 하지만 생각만큼 딱 맞아 떨어지는 것이 쉽지 않고, 완성이 되었다 하더라도 나중에 성장 구조가 높아지면서 다시 밸런싱을 잡아야 한다는 점에 피곤함을 느끼죠.

마지막으로 콘텐츠 기획은 기존 게임에 등장하지 않은 형태의 전투나 콘텐츠를 제작한다는 점에서 새로운 기능을 많이 추가해보고 시험해 볼 수 있다는 점이 매력적입니다. 다만 기능이 새로 추가되는 만큼 버그나 이슈 등 확인할 내용이 많아지는 편이에요.

Question 게임기획자가 되면 레벨 디자인, 밸런싱, 콘텐츠 기획 등 분야를 이동할 수 있나요?

타 파트에 대한 충분한 이해와 지식만 가지고 있다면 충분히 가능합니다. 그렇기에 기획은 꾸준한 공부가 필요하다는 이야기를 항상 듣습니다.

Question 일하면서 기억에 남는 에피소드가 있으신가요?

제가 맞춘 밸런스 견적이 아닌 전혀 다른 형태로 풀어낸 견적이 나와 당황했던 적이 있었습니다. 원래 예상으로는 1달 내지 2달이 걸려야 할 던전이 순식간에 공략이 가능하게 되었던거죠. 당시 10% 정도 클리어가 가능하다는 것이 기획 목표였지만 제가 입사한 지 얼마 안 되었을 때라 기술적으로 부족해서 던전의 난이도가 쉬웠어요. 그 이후 던전의 난이도를 높게 제작했더니 유저들은 너무 어렵다고 불만을 토로했지만 개인적인 제 만족도는 높았던 기억이 있네요. 황당하면서도 다소 아쉬운 경험이었지만, 제가 맡고 있는 프로젝트에 대해 더욱 깊은 관찰력을 가지고 공부하고 여러 방면으로 생각해야겠다는 마음을 다질 수 있었던 계기가 되었습니다.

게임기획자로서 언제 보람을 느끼시나요?

다른 게임들을 플레이하면서 '이건 어떻게 만들어졌구나'가 분석되고 눈에 보일 때, 제 자신이 조금씩이나마 성장을 했구나 하며 보람을 느껴요. 제가 만들었던 콘텐츠가 공식 카페나 유투브, SNS 등을 통해 공략이 공유되고 사람들 간의 소통의 주제가 될 때 뿌듯하고 자부심도 가지게 되죠. 하지만 생각지 못한 제 실수 하나 때문에 팀 전체에 혼란을 가져올 수 있는 부분은 어려운 부분이기도 합니다.

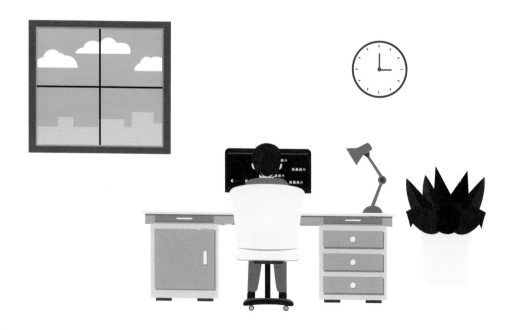

누구나
함께하고
싶은
기획자로

▶ 틈틈히 떠나는 여행

▶ 틈틈히 떠나는 여행

Question 대학 시절부터 지금까지 개인적으로 인디게임을 만들고 계신데,
인디게임만의 매력은 무엇인가요?

기획자가 보여주고자하는 감성을 풍부하게 게임 내에서 표현할 수 있다는 점이 메이저 게임들과의 차이인 것 같습니다. 메이저 회사보다 기획자의 수가 상대적으로 적어 다루는 주제나 목표가 뚜렷하다는 점이 매력적이죠. 그리고 상업적인 목표와 영향이 적기 때문에 사회적으로 불편한 주제의 내용을 과감하게 접근할 수 있다는 점도 매력이 있어요.

Question 인디게임 개발을 할 때 가장 어려운 점은
무엇인가요?

막연하게 '게임을 만들고 싶다'는 마음가짐 하나만으로는 완성하기 어려운 것 같습니다. 전문 지식 없이 도전하는 경우가 제 주변에도 많았었는데 많은 사람들이 과정에서 어려움을 많이 느낍니다. 개인작품은 그래도 비교적 어려움을 느끼는 정도가 낮은 편이지만, 팀으로 작업할 때는 그 목표치나 기준치가 높아졌을 때 완성까지의 과정이 힘들고 지치는 것 같아요.

**게임기획자로서
이상과 현실을 어떻게 조율해 가고 있나요?**

　게임은 데이터와 기능의 모습으로 인간에게 재미와 감성, 메시지를 전달하는 하나의 매체입니다. 물론 체험이라는 요소 때문에 현실과 중첩되게 느껴지는 부분이 있지만, 이는 소통이라기 보단 일방적인 영향이라는 느낌이 들 때가 있죠. 영상에서 밥을 맛있게 먹는 모습을 본다고 제 배고픔이 사라지지 않는 것처럼요. 게임이 주는 일방적인 영향과는 다르게 현실에서는 서로가 서로에게 '소통과 공감'을 주고받을 수 있기 때문에 저는 다양한 사람들을 만나고 이야기하고 취미를 공유하는 것으로 이상과 현실을 조율해 나가고 있습니다.

Question **육체적·정신적 피로는 어떻게 해결하시나요?**

　주로 아무 생각을 하지 않도록 명상하거나 잠을 자는 편입니다. 대신 다시 제 업무로 돌아오기 위해 다이어리에 어느 부분까지 제가 작업했는지 등을 항상 메모하지요. 쉬는 날에는 주로 영화를 보거나 산책, 맛있는 음식을 먹으러 다닙니다. 기획자 중에는 게임을 취미로 하시는 분들이 많으신데 저는 게임을 할 때 자꾸 분석을 하곤 해서 더 이상 취미로써 게임을 편하게 즐기지는 못하는 것 같아요. 오히려 개인적으로나 작은 소규모 취미 팀으로 게임을 개발하고 있습니다.

Question 게임기획자로서의 목표는 무엇인가요?

'전달력이 뛰어나고 누구나 함께하고 싶은 기획자가 되자'라고 항상 생각합니다. 같은 게임 업종 내에서 다른 분야도 좀 더 배워보고 싶어요. 특히 UI와 클라이언트 파트에 관심을 가지고 있습니다.

Question 멘토가 있나요?

지금은 팀 내의 사수나 파트장님, 팀장님의 이야기들을 많이 듣고 항상 배우고 있습니다. 모두 제가 기획자로서 편협적으로 생각할 수 있는 부분을 많이 조언해주시고 도와주세요.

Question 게임기획자가 되고싶은 학생들에게 조언해주신다면?

게임을 하기는 쉽지만 만들기는 참 어렵습니다. 하지만 개발에 대한 꿈과 열정을 가지고 꾸준히 공부한다면 누구든 도전할 수 분야입니다. 누군가 내가 만들어 놓은 세계를 탐험하고 기록하는 것을 보게 되었을 때 더할 나위 없는 즐거움을 보상받는 직업이죠. 처음 게임 개발을 시작하는 단계에서는 '좋은 게임을 만들어보겠다'라는 생각보다 '하나라도 완성 해보도록 하자'가 더 중요한 것 같아요. 그리고 게임 속 세계도 좋지만 우리가 살고 있는 이 현실에서 힘들고 아쉬운 부분이나 내 자신에게서 변화할 점을 먼저 생각하는 것도 큰 도움이 될 것 같습니다.

이제는 어디서든 쉽게 게임을 다운로드하고 접할 수 있게 되었고 PC가 아닌 모바일에서도 MMORPG 장르의 게임을 할 수 있는 시대가 되었습니다. 앞으로 게임은 점점 생활과 더욱 밀접한 관계로 변하고 있다고 생각합니다. 또 모바일 시장이 점차 커지고 있다 해서 PC나 콘솔 게임 시장이 사라지진 않을 거예요. 그 나름의 매니아층이 유지되고 있기에 타 플랫폼과의 전체적인 연동이 가능해질 것 같습니다. 예를 들어 콘솔에서 하던 게임을 저장하여 모바일에서 불러와 이어서 플레이하는 등의 형태로 발전하지 않을까요?

늘 하던 일에 최선을 다했고, 할 수 있는 모든 일에 뛰어들고자 노력했던 아주 평범한 아이였다. 초등학교 때에는 소설가, 중학교때는 공무원, 고등학교 무렵엔 직업이라도 있었으면 좋겠다고 생각했지만 우연한 기회에 얻은 첫 직장은 바로 게임회사였다. 게임을 기획하는 순간부터, 완성된 게임이 세상에 나오기까지 각 분야에서 수많은 사람들의 노력이 필요하다는 것을 알게 되었다. 게임이 출시되는 순간의 성취감과 떨림, 그리고 부모님의 끝없는 믿음과 응원은 지금까지 게임기획자의 길을 걸어올 수 있는 원동력이 되었다. 모든 1인 개발자들을 존경하며, 온전히 스스로 기획해서 완성한 게임을 출시하는 것이 최고의 목표가 된 지금, 고민의 연속과 성공과 실패의 외줄타기사이에서 배움을 얻으며 나아간다.

디포게임즈 게임기획자
이태경

- 현) 디포게임즈 게임 콘텐츠 기획 서포트 및 레벨링
- 전) 다음서비스 퍼블리싱 게임 운영 및 로그분석
- 전) 네오위즈 INS 피파온라인 2 운영
- 동남보건대 관광영어과 졸업

게임기획자의 스케줄

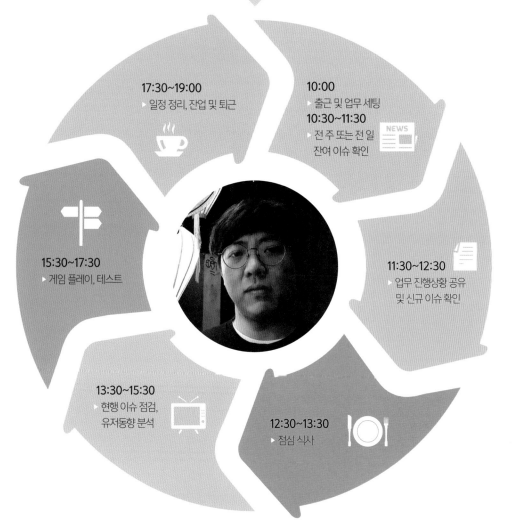

이태경
게임기획자의
하루

17:30~19:00
▶ 일정 정리, 잔업 및 퇴근

10:00
▶ 출근 및 업무 세팅
10:30~11:30
▶ 전 주 또는 전 일
잔여 이슈 확인

15:30~17:30
▶ 게임 플레이, 테스트

11:30~12:30
▶ 업무 진행상황 공유
및 신규 이슈 확인

13:30~15:30
▶ 현행 이슈 점검,
유저동향 분석

12:30~13:30
▶ 점심 식사

평범했던
소년에게
큰 힘이 된
응원

▶ 나의 어린 시절

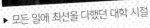

▶ 모든 일에 최선을 다했던 대학 시절

무엇 하나에 두각을 나타내지 않고 평범했어요. 한 반에 30~40여 명 중에서 튀는 점 하나 없는, 주변에서 흔히 볼 수 있는 그런 학생이었습니다. 성격은 고집이 세고 주관이 뚜렷했고요. 마음먹은 대로 일이 잘 풀리지 않으면 잠을 못 잘 정도로 변덕이 심하기도 했습니다. 국어와 영어 과목 성적은 평균 이상이었지만 수학은 등수를 매기면 0점 바로 앞이었을 거에요. 흔히 말하는 수포자였습니다.

Question 학창시절에서 기억에 남는 활동이 있나요?

학교에서 다양한 활동을 하기를 권장해서 억지로라도 교내에서 할 수 있는 것들을 찾다가 독서 토론 활동을 하게 되었어요. 브레인스토밍처럼 진행되던 활동이죠. 열 명 남짓한 학생들이 모두 같은 책을 읽고 소감을 얘기하고 있었는데, 잠시 집중을 하지 않았더니 하나도 알아들을 수 없는 내용의 이야기를 하고 있었습니다. 저도 분명 읽은 책인데 말이에요. 그때 읽는 사람과 말하는 사람마다 생각이 다를 수 있다는 것을 깨닫는 첫 계기가 되었어요.

Question 대학 생활은 어땠나요?

어문학계열 과목을 좋아했습니다. 대학 전공도 영어 통역을 선택했는데 학교에서 학문보다는 직업이나 직무적인 내용들을 주로 배웠죠. 솔직히 지금 하고 있는 업무에는 소용이 없네요. 대학생이 되고 나서 흥청망청 시간을 보낸 적도 있지만 결국 정신 차리고 다른 사람들만큼 열심히 공부했습니다. 편의점, 오락실, 백화점 보안요원, 공공기관 잡무 등등 안 해본 아르바이트도 없는 것 같아요. 그저 하던 일에 최선을 다했고, 할 수 있는 모든 일에 뛰어들고자 노력했습니다.

Question **언제부터 게임기획자를 꿈꾸기 시작했나요?**

게임 업계에 발을 들이기 전까지는 그저 한 사람의 게이머에 불과했습니다. 초등학교 저학년 때에는 소설가, 고학년부터 중학교 때까지는 공무원, 고등학교 무렵엔 직업이라도 있었으면 좋겠다고 생각했죠. 대학시절 진로에 대한 고민을 정말 많이 했어요. 영어 통역 전공으로 선택할 수 있는 직업은 한정적이었고, 시장 역시 포화상태였거든요. 그러다가 우연찮게 첫 직장이 게임회사가 되었고 지금에 이르게 되었습니다. 지금 생각해보면 게임기획자가 되어야겠다는 확신이 든 적도 없고, 게임기획자가 되고자 특별히 준비한 것도 없지만 처음 입사 이후 지금까지 한 모든 경험들이 게임기획자로 귀결되었죠. 성공한 게임의 콘텐츠와 인게임 플로우를 분석하고 작성할 수는 있었지만 포트폴리오도 따로 준비하진 않았습니다. 게임회사에서 경험한 모든 직군의 교차점이 기획자가 되었어요.

Question **학창시절 했던 게임 중 기억에 남는 게임이 있으신가요?**

EZ2DJ라는 아케이드 리듬게임이 기억에 남아요. 시리즈를 거듭하는 게임의 경우 고수라고 부르는 유저층의 존재로 새로운 유저의 유입이 다소 어려운 경향이 있습니다. 하지만 EZ2DJ 게임은 새로운 초보 유저들을 흡수하기 위해 매 시리즈가 거듭될 때마다 더 쉬운난이도와 더 어려운 난이도를 끊임없이 추가했어요. 그래서 초보 유저도 어려운 난이도를 쉽게 이용할 수 있도록 다양한 편의를 제공했는데 지금도 그 게임과 게임 방식이 기억에 남아 있네요.

진로 선택을 할 때 부모님께 어떤 영향을 받았나요?

무슨 일을 하더라도 포기할 생각은 하지 말고, 이왕 시작한 일이니 어디까지 할 수 있는지 해보라는 부모님의 말씀이 지금까지 이 일을 할 수 있는 원동력이었습니다. 사실 부모님께는 실망만 안겨드렸죠. 부모님께서 바라던 것과는 전혀 다른 방향으로 가고 있었지만 "무슨 일이든 네가 할 수 있는 데까지 절대 포기하지 말라"고 이야기하시며 끝없는 믿음과 응원을 해주셨습니다. 그 말씀이 정말 큰 도움이 되었고 힘들거나 지쳤을 때에도 항상 저를 다독여 주셨습니다.

찰나의
모든 순간까지
꼼꼼히

▶ 민속촌에서 꽃거지와 함께

▶ 열심히 미팅 중!

Question 어떤 일을 하고 계신지 간단히 소개 부탁드립니다.

　현재 모바일 게임의 기획 서포트, 내부 QA, 콘텐츠 밸런싱과 레벨링을 담당하고 있습니다. 게임기획자가 되고 나서의 첫 업무는 경쟁사 게임의 이용 편의성 분석이었고요. 게임에 접속해서 어떤 콘텐츠를 이용하는데 필요한 진입 단계나 편의성 등을 도표화하는 일이었죠. 그 이후 지금 다니고 있는 개발사에서 차기작을 준비하고 있는데 주로 밸런싱과 레벨링, 내부 QA를 진행하고 있습니다.

Question 게임기획자가 되고 싶다는 뚜렷한 목표 없이 게임 회사에서 일을 시작하게 되었는데, 어떤 점에서 매력을 느껴 계속 일을 하게 되었나요?

　게임이 출시되는 순간의 성취감과 고양감은 이루 말할 수 없습니다. 유저 CS 업무를 진행하면서 세상에 놀면서 돈을 벌 수 있는 직업이 없는 것 같다는 생각을 했어요. 모든 직업이 비슷하겠지만 각 부서, 분야, 직군에 소속된 모든 사람들이 최선을 다해야만 일이 돌아간다는 것을 알게 되고 모든 분야의 일을 해봐야겠디고 생각했습니다. 게임을 기획해서 만들고, 테스트 후 서비스하는 과정, 그리고 그 서비스를 안정화 시키고 수익을 창출하기까지 적게는 몇 명, 많게는 수백 명의 사람들이 각자의 자리에서 최선을 다해야만 비로소 게임이 출시되죠. 호기심만으로 접근하고 쉽게 그만두어서는 게임이 출시되는 그 순간의 성취감과 고양감을 느낄 수 없어요. 그 찰나의 순간이 지금까지 계속 일을 하게 만드는 것 같습니다.

게임기획자가 되고 나서 새롭게

알게 된 점이 있으신가요?

　게임을 즐기면서 아무 생각 없이 넘겼던 부분들까지도 모두 기획된 사항이라는 사실을 알게 되었어요. 정말 1초 남짓한 찰나의 지나가는 장면까지 기획해야 합니다. 예전에 단순한 결과물 하나만을 변경하기 위해서 기획을 수정한 적이 있었는데 게임 안에서 그 결과물이 2만여 번 정도 등장했기 때문에 그 모든 케이스를 일일이 손으로 수정했던 기억도 있어요. 제가 처음 일을 시작할 때 게임 업계에 종사하고 있는 지인들이 고생길이 열렸다고 했던 말을 그때 이해했죠.

Question 모바일 게임 기획 업무에서

어려운 점은 무엇인가요?

　게임 기획에서 제가 맨 처음 맡은 분야는 모바일 게임이었어요. 모바일 게임 기획 업무를 하면서 어려웠던 점은 모바일 게임의 특성상 유저가 쉽게 접근하고 쉽게 그만둘 수 있다는 것이었습니다. 게임을 플레이하고 즐기는데 길어야 2분 내지 3분 밖에 걸리지 않아요. 그 짧은 시간 안에 제 노력이 판단되고 결과가 바로 지표에 반영되죠. 그만큼 유저 친화적이고 회사에도 도움이 될 수 있는 방향성을 이끌어내기가 가장 어렵습니다.

게임기획자로 살아간다는 것은 어떤가요?

하루하루가 고민의 연속이고 성공과 실패의 외줄타기를 하는 직업이 게임기획자란 직업 같습니다. 기획자는 게임의 성공이나 실패에 가장 크게 영향을 받는 위치이기 때문이죠. 물론 게임이 성공하거나 실패하는 요소는 다양하겠지만 개인적으로도 기획이 가장 중심에 위치해 있다고 생각합니다. 게임을 제작하는데 있어 필요한 모든 요소를 직접 관리하고 경험한다는 것은 아주 큰 장점이지만 잘되면 우리 모두의 일, 잘 안되면 기획자란 탓이 되는 경우도 있거든요.

 좋은 게임기획이란 무엇인가요?

유저와 회사 모두가 만족할 수 있는 기획이 좋은 게임기획이라고 생각합니다. 가령 유저들은 좋아하는 방식의 게임이지만 수익이 보장되지 않으면 회사 차원에서는 게임을 만들기 어려워할 수 있어요. 반대로 수익적인 측면만 강조되면 유저들의 관심은 이내 사라지고 말겠죠. 그래서 유저들의 흥미와 회사의 수익을 모두 고려한 기획을 해야한다고 생각해요. 그래야 게임이 출시도 되고 지속적으로 라이브 서비스도 할 수 있으니까요. 그리고 돈을 지불하는 소수의 유저가 회사의 수익의 많은 비중을 차지하게 되는 형식의 게임은 피해야 합니다.

나만의
게임을 만드는
그 날까지

▶ 낮의 휴식을 즐기며

▶ 아름다운 조명 아래에서

Question 현재 맡은 분야에서 전문성을 기르기 위한 개인적인 노력은 어떤 것들이 있나요?

현재 담당 플랫폼에서 서비스 중인 모든 종류의 게임을 경험하는 것이 저에게 가장 큰 재산이 되는 것 같습니다. 회사에서 게임을 만드는 최종 목표는 수익창출이지만 어떤 구조와 순서로 수익을 낼지는 회사마다, 게임마다 다 다릅니다. 그래서 최대한 많은 경험을 하는 것이 제가 앞으로 일을 하는데 있어 실수와 실패를 최소화시킬 수 있다고 생각합니다.

Question 게임기획자로서 가지고 있는 목표가 있나요?

모든 1인 개발자들을 존경하고 있습니다. 저는 제 손으로 온전히 기획해서 완성한 게임을 출시하는 것이 제가 게임기획자로 일하면서 가지고 있는 최고의 목표예요. 기획 이외에 아직 경험하지 못한 개발이나 마케팅도 배워서 좋은 결과물을 내고 싶어요.

Question 살면서, 실패로부터 얻은 소중한 경험이 있으신지 궁금해요.

대입에 실패했을 때, 첫 구직에 실패했을 때, 프로젝트가 중간에 무산되거나 실패했을 때 등 모든 실패의 경험들은 제게 소중합니다. 끝에 도달하지 못했다는 것은 그게 무엇이든 하나 이상의 부족함이 있다는 의미이죠. 항상 완벽해서 모든 계획이 성취될 수는 없지만, 실패를 거듭할 때마다 배울 점이나 고쳐야 할 점을 분명 찾아나갈 수 있는 기회가 주어진다는 것에 감사하고 있어요.

앞으로 게임 시장은 어떻게 변화할 것이라고 생각하시나요?

　지금보다 더욱 다각적으로 게임 시장이 변할 것이라고 생각합니다. 예전에는 집집마다 게임기, 컴퓨터로만 게임을 했다면 오늘날에는 스마트폰이라는 기기로 나이, 지역, 성별과 관계없이 즐길 수 있는 무수한 콘텐츠들이 쏟아지고 있죠. 최근에는 가상현실(VR)을 이용한 기기도 출시되어 콘솔, 모바일, PC게임 시장이 더 확대되고 있습니다. 그래서 기술이 더욱 발전함에 따라 다양한 형태의 게임을 즐길 수 있게 되겠죠?

〈가상현실(VR)란?〉

컴퓨터 등을 사용한 인공적인 기술로 만들어낸 실제와 유사하지만 실제가 아닌 어떤 특정한 환경이나 상황 혹은 그 기술 자체를 의미한다. 이때, 만들어진 가상의(상상의) 환경이나 상황 등은 사용자의 오감을 자극하며 실제와 유사한 공간적, 시간적 체험을 하게 함으로써 현실과 상상의 경계를 자유롭게 드나들게 한다. 가상현실은 자신(객체)과 배경·환경 모두 현실이 아닌 가상의 이미지를 사용하는데 반해, 증강현실(AugmentedReality, AR)은 현실의 이미지나 배경에 3차원 가상 이미지를 겹쳐서 하나의 영상으로 보여주는 기술로 개념이 다르다.

게임기획자라는 직업의 미래는 어떨까요?

게임기획자의 미래는 아직 밝습니다. 다만 1년에 수 천, 수 만 개의 게임이 쏟아져 나오는 것이 현실이며 그 중 성공한 게임이라고 부를 만한 것은 극소수에 불과합니다. 하지만 기획자라는 꿈을 가지고 다양한 경험과 공부를 통해 자질을 갈고 닦으면 반드시 훌륭한 게임기획자가 될 수 있습니다. 여러분도 게임과 관련된 경험을 최대한 많이 하면 좋을 것 같아요.

중고등학교에서 배우는 음악 과목에는 큰 흥미가 없었지만 고등학교 밴드부를 하며 인정받는 드러머가 되고 싶은 꿈을 가졌다. 대학에서 작곡 전공을 하다, 4학년 때 게임 사운드 디자이너라는 직업을 알게 된 후 게임 사운드 디자이너의 길을 준비하게 되었다. 게임의 세계관이나 컨셉에 어울리도록 애니메이션, 이펙트, 앰비언스, 보이스, UI 등 게임의 모든 사운드를 제작하고 구현이 될 수 있게 적용하는 일을 하고 있다. 사운드가 있는 것과 없는 것은 전혀 다르기 때문에 유저가 더 생생하게 게임 속에 몰입하고 즐거워 할 수 있도록 게임에 생동감을 불어넣는 직업에 자부심을 느끼며 일한다. 사람들 머릿속에 오랫동안 기억에 남는 게임 사운드를 제작하는 사운드 디자이너가 되고 싶다.

엑스엘게임즈 사운드 디자이너
진정한

- 현) XL게임즈 사운드팀 사운드 디자이너
- 경성대학교 음악학부 클래식 작곡 전공

게임기획자의 스케줄

진정한
게임 사운드
디자이너의
하루

19:00
▸ 퇴근

10:00
▸ 출근
10:00~12:00
▸ 금일 업무 파악 및 사운드 제작
혹은 회의 참여

13:00~19:00
▸ 사운드 제작 및 적용, 확인 등의 업무

12:00~13:00
▸ 점심식사 및 간단한 티타임

남들보다
특별한
포트폴리오를
만들기 위한
노력

▶ 어린 시절 텐트 앞에서

▶ 열심히 과제 중!

▶ 대학교 졸업 연주회를 마치고

어떤 성격을 가진 학생이었나요?

무척 외향적이지도 내성적이지도 않은 평범한 성격을 가진 학생이었습니다. 조용한 편이지만 친구들이 많은 편이었고 모두와 사이좋게 지냈어요. 밖에서 무언가를 활동하는 것보다 혼자 연구하고 공부하는 것을 더 좋아했고요.

그리고 음악을 좋아했습니다. 학교에서 배우는 음악 과목에는 큰 흥미가 없었지만요. 중학교 3학년 때 드럼에 빠지면서 고등학교 밴드부를 하며 인정받는 드러머가 되고 싶은 꿈을 가졌죠. 예체능 계열로 진학을 해야겠다고 마음을 먹으면서 공부를 많이 하지는 않았지만 내신은 중간 정도 계속 유지했습니다.

Question 대학교 전공을 어떻게 선택하게 되었나요?

고3 초에 친구의 지인분이 당시 작곡과 대학생이었는데 작곡과로 진학을 할 것을 추천해주셨어요. 대학에서 악기를 전공하는 것보다 작곡을 전공하는 것이 미래를 생각할 때 더욱 유리할 것이라고 조언을 해주었는데 설득을 당했죠. 그래서 1년 동안 급하게 준비를 해서 클래식 작곡으로 입학했습니다.

Question 대학생활은 어땠는지 궁금해요.

대학에서는 고전에서부터 현대 시대까지 스타일의 작곡 기법을 배웠고 피아노부터 합창, 오케스트라 편성 등의 작곡 방법도 배웠습니다. 대학교 1학년 1학기 때에도 밴드 동아리에서 드럼을 쳤는데 1학기만 다니고 휴학을 한 뒤 군대에 갔어요. 군대 전역 후에는 특별한 활동 없이 진로를 위해 열심히 공부만 했고요. 틈틈이 대형 마트 매장에서 나오는 BGM을 제작하는 일이나 펍에서 주말 디제잉으로 단기간 일하기도 했죠. 대학 전공과는 상관이 없는 PC방, 영화관, 전단지, 의류회사 공장직 등 아르바이트도 했습니다.

Question ## 어떻게 게임 사운드 디자인을 하게 되었나요?

대학 2학년 때 까진 그냥 '좋은 곡만 써보자'라는 생각만 있었고 진로에 대한 고민은 특별하게 없었어요. 3학년이 되면서 진지하게 진로에 대해 고민을 했고 다양한 직업들을 찾아보기 시작했죠. 그러던 중 4학년 때 게임 사운드 디자이너라는 직업을 알게 되었는데 큰 매력을 느꼈습니다. 어릴 때부터 게임을 좋아하기도 했고 당시 전자음악 관련 사운드 디자인에 흥미도 높았기에 지금 직업에 대한 확신을 가지고 준비를 시작했어요.

Question ## 진로를 결정할 때의 본인만의 기준이 있었나요?

제일 중요시 한 것은 제가 그 일을 좋아하고 재미있어 해야 한다는 것이었어요. 미적 감각을 요구하는 직업이기 때문에 어느 정도 나에게 재능이 있고 적성에 맞는지 고려해 결정했습니다. 직업을 선택할 때 다른 누군가의 영향을 크게 받지는 않았지만 부모님께서 저를 믿고 무조건적으로 지원을 해주셨기에 가능했던 일 같아요.

　포트폴리오가 제일 중요하다 생각했기에 최대한 인상이 남는 포트폴리오를 제작하고자 노력했습니다. 게임 관련 학과가 아니기 때문에 최대한 인터넷 검색을 통해 혼자 정보를 얻었습니다. 특히 당시에 유튜브 콘텐츠를 통해서 많은 힌트를 얻었고, 그것을 보며 준비했죠. 남들과는 다른, 다른 사람들은 하지 않는 포트폴리오를 만들기 위해 많은 시간을 투자했습니다.

　포트폴리오를 제작하기 전에 음악을 하는 사람들이 자주 가는 인터넷 커뮤니티에서 사운드 디자이너 실무에 계신 분의 글을 읽었습니다. '사운드 디자이너가 면접을 볼 때 이랬으면 좋겠다'하는 내용이었습니다. 일반적으로 게임 사운드 디자이너의 포트폴리오는 게임 트레일러 영상에 소리를 직접 입히는데 모든 지원자의 내용이 별반 차이가 없다고요. 예를 들어 사람이 걷는 화면에서는 발자국 소리가 나고 칼을 들면 칼 소리가 나는 영상을 만들기 때문에 비슷하다는 것이죠. 그래서 영화 트랜스포머에서 변신할 때 나오는 음악처럼 현실에는 없는 소리를 제작해야겠다는 생각을 했습니다. 그래서 사운드 디자이너들의 보편적인 포트폴리오를 기본적으로 만들고 거기에 추가적으로 CG를 이용한 예술 영상 같은 것에 사운드를 입혔죠. 포트폴리오가 완성될 때쯤 제가 지금 일하고 있는 회사에서 신입을 채용한다는 공고를 보고 바로 지원했고 운이 좋아 합격하게 되었어요. 지금 제 팀장님께서 취업 당시 면접관이셨는데 제 포트폴리오가 다른 사람들과 다르게 좀 특이해서 맘에 들었다고 하셨습니다.

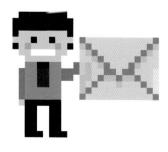

게임에
생동감을
불어넣는 일

▶ 게임 회사 입사 후 기쁜 마음으로

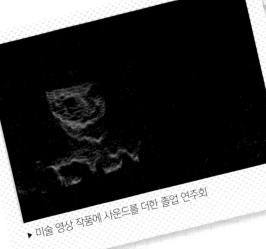

▶ 미술 영상 작품에 사운드를 더한 졸업 연주회

▶ 대학교 졸업 연주회를 마치고

지금 하고 계신 일에 대해 소개해주세요.

저는 현재 게임에 들어가는 음악을 제외한 애니메이션, 이펙트, 앰비언스, 보이스, UI 등 모든 사운드를 제작하고 구현이 될 수 있게 적용하는 일을 하고 있습니다. 사운드 디자이너는 일반적으로 게임의 세계관이나 컨셉에 맞춰 게임 안에서 사용되는 다양한 사운드를 제작하는 일을 합니다. 제작하는 과정을 예를 들어 설명드릴게요. 음식을 먹거나 걷는 소리, 보이스 등 현실적인 소리는 라이브러리를 사용하거나 직접 녹음을 해서 가공합니다. 마법, 스킬, UI(User Interface, 사용자 인터페이스) 등 효과를 나타내는 부분은 신디사이저나 라이브러리를 이용해 가공하여 제작하기도 해요. 사운드 디자이너가 된 후 저의 첫 업무는 플레이어 캐릭터의 스킬 사운드를 제작하는 것이었죠.

Question 근무 환경은 어떠한가요?

본인에게 할당된 업무만 제대로 한다면 나머지 부분에선 상당히 자유로운 분위기예요. 오전 10시부터 오후 7시까지가 업무 기준 시간이지만, 탄력적으로 근무를 해서 근무 시간은 유동적이고요. 자유로운 분위기 덕분에 정신적·육체적 스트레스 없이 상당히 만족하며 일하고 있어요.

Question 게임기획자가 되고나서 새롭게 게임기획자에 대해 알게 된 점이 있으신가요?

게임사운드 디자이너로 일하면서 가장 처음 참여한 프로젝트는, 지금은 서비스를 종료

한 '문명 온라인'이었습니다. 업무를 본격적으로 시작하기 전엔 사운드 디자이너는 사운드를 제작만 하면 된다고 생각했었어요. 하지만 제작만큼이나 중요한 것이 바로 구현이라는 것을 깨닫게 되었습니다. 맨 처음 캐릭터 스킬 효과 사운드를 제작했는데 제작한 사운드를 어떻게 구현해야 하는지를 고려하지 않아 많은 시행착오를 거쳤죠. 사운드를 구현할 때 사용하는 프로그램에 익숙하지 않는 것에서 오는 어려움도 있었습니다. 이러한 여러 시행착오 끝에 처음 제작한 사운드가 적용되어, 게임에 구현되는 것을 보았을 때 신기하고 뿌듯했어요. 그리고 이 과정에서 1인 개발이 아닌 이상 다수의 사람들과 함께 게임을 만들다 보니 제가 생각했던 것보다 커뮤니케이션 능력이 중요하다는 것을 알게 되었습니다.

Question 사운드 디자이너로서 보람을 느낄 때는 언제인가요?

　게임 사운드 기획 및 제작은 주로 게임 제작 과정 중 가장 마지막 작업 단계에서 이루어집니다. 게임에 사운드가 있는 것과 없는 것은 전혀 다르죠. 게임에 생동감을 불어넣는 직업이라고나 할까요? 기획한 사운드가 의도한 대로 잘 제작되고 게임 내에서 구현이 될 때 기분이 좋습니다. 무엇보다도, 유저들로부터 사운드에 대해 긍정적인 평을 들을 때가 가장 보람을 느끼는 순간이죠.

반대로 사운드 디자이너로서
어려움을 느낄 때는 언제인지 궁금해요.

항상 새롭고 좋은 것을 창작해야 된다는 중압감이 드는 것은 힘든 부분입니다. 특히 게임 사운드를 기획하고 제작하는 것은 추상적인 생각을 소리로 구체화해야 하죠. 때로는 현실에는 없는 소리를 제작해야 하는 부분이 힘들 수도 있어요. 사람마다 추구하는 생각이 다르기 때문에 모든 이들의 마음에 드는 소리를 만들어 내거나, 그 타협점을 찾는 일은 어려울 수 있습니다.

게임 사운드 디자이너로 일하기 위해서는
작곡 능력이 필요한가요?

이 부분은 입사하고 싶은 회사가 어떤 회사인가에 따라 달라집니다. 게임 음악 및 효과음 제작자를 따로 채용하는 회사라면 작곡 능력이 굳이 필요하진 않을 거예요. 하지만 음악과 효과음 전부 작업이 가능한 인력을 채용하는 회사라면 기획뿐만 아니라 작곡 능력까지 필요하겠지요. 즉, 작곡 능력이 필수는 아니지만 작곡할 수 있는 능력이 있다면 지원할 수 있는 회사의 폭이 좀 더 넓어지는 것 같긴 합니다.

게임의
상징이 되는
사운드를
만드는
그날까지

▶ 부산 여행 중 한 컷

▶ 음악 페스티벌에서

Question ## 게임기획자로서의 목표는 무엇인가요?

유저들뿐만 아니라 같은 업종에 있는 사람들에게도 인정받는 사운드 디자이너가 되는 것이 목표입니다. 많은 대중에게 오랫동안 기억에 남는 게임 사운드를 만들고 싶어요. 그리고 직장 생활을 하면서 소홀했던 작곡을 다시 제대로 시작해서 BGM(Background music)분야 일도 해보고 싶네요.

Question ## 현재 맡은 분야에서 전문성을 기르기 위해 어떤 노력을 하고 계시나요?

예를 들어 '캔디크러쉬사가'처럼 캐주얼한 퍼즐 게임에 들어가는 사운드와 '엘더스크롤'처럼 실사풍 RPG에 들어가는 사운드가 다른 것처럼 사운드 기획, 디자인이 해당 게임의 장르나 컨셉에 따라 달라지지요. 그래서 시간이 날 때마다 최대한 다양한 종류의 게임을 하려고 노력하고 있습니다. 여러 가지 게임을 하면서 '요즘은 이런 식으로 많이 디자인하는구나', '이런 사운드는 어떻게 만들었을까?' 등을 생각합니다. 들었던 사운드와 비슷한 사운드를 만들어 보기도 하고요. 또 최근에도 계속해서 출시되는 여러 종류의 사운드 VST, VSTI(효과 프로그램)를 찾아보고 써보기도 하면서 계속 공부를 하고 있습니다.

Question ## 게임 사운드 디자이너란 직업의 미래는 어떻게 예상하시나요?

모바일 게임 시장이 성장하면서 게임 회사들도 예전보다 많이 늘어났고, VR 게임 시장이 본격적으로 열리면 게임 사운드의 중요성이 지금 보다 더욱 증가할 것으로 예상하고 있습니다. 그래서 현재는 생소한 직업이지만 앞으로 신입이나 경력에 대한 수요가 더욱 높아질 것으로 예상하고 있어요. 주로 경력이 있는 사운드 디자이너를 채용하는 경우가 많았지만, 최근에는 신입 사운드 디자이너를 채용하는 회사들도 많아지고 있지요.

 **게임 사운드 디자이너를 꿈꾸는 친구들에게 해주고 싶은 말이 있다면요?**

　게임 사운드 디자이너란 직업이 일반인들에겐 생소한 직업이고, 취업시장도 생각보다 작습니다. 하지만 여러 장르의 게임을 하면서 사운드를 분석하고 좋은 포트폴리오를 만들면 분명 좋은 결과가 있을 거예요. 학생 때 게임 동아리에 들어가서 직접 사운드를 제작하고 적용하는 일을 해보면 포트폴리오를 제작하거나 일을 할 때 큰 도움이 될 것입니다. 만약 작곡을 전공하여 게임 음악 분야만 준비하시는 분들은 효과음 관련 분야도 공부해두시면 진로 설계를 할 때 길이 더 다양해질 수 있습니다.

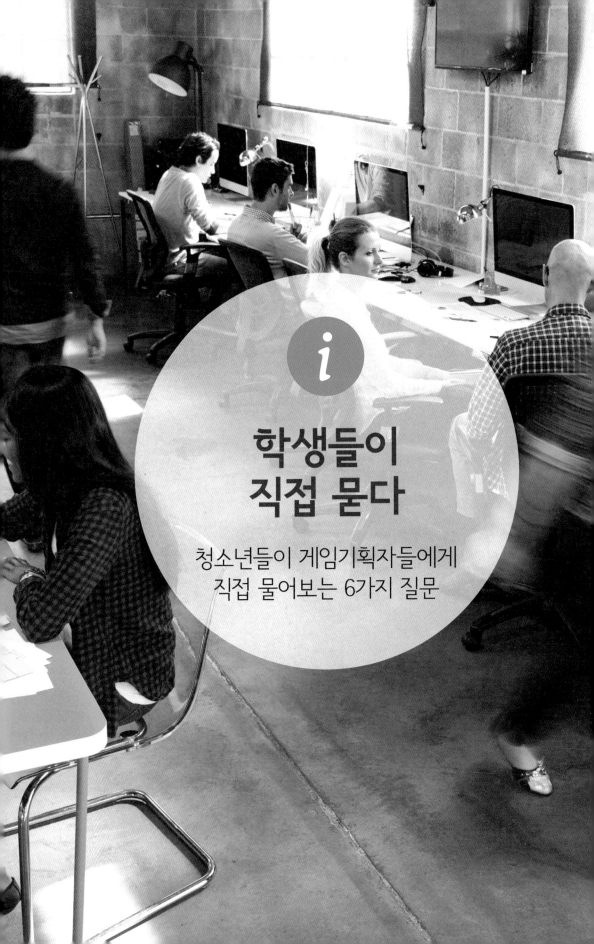

학생들이
직접 묻다

청소년들이 게임기획자들에게
직접 물어보는 6가지 질문

게임이 너무 좋아 하루 종일 게임만 합니다. 게임기획자가 되려면 게임 외에 어떤 취미 생활을 가지면 좋을까요?

전반적인 문화생활을 하는 것이 중요해요. 게임 기획은 창의력을 요구하는 직업이기 때문에 다양한 경험들은 업무 시 분명 큰 도움이 됩니다. 그래서 너무 게임 한 가지에만 빠져있기보다는 영화, 미술 관람, 여행 등을 많이 할 것을 적극 추천해 드립니다. 특히 '이건 어떤 질문에서부터 시작이 되었을까?', '어떤 화면이나 소리가 들어가 있지?', '왜 사람들이 이 이야기를 좋아할까?' 등의 생각을 하면서 다양한 문화생활을 하면 좋을 것 같아요.

게임 산업에서 일하고 싶은데 부모님과의 갈등이 너무 심해요. 어떻게 해야 할까요?

부모님이 게임을 직접 하도록 만드는 것이 부모님을 설득할 수 있는 좋은 방법이라고 생각합니다. PC나 모바일 게임은 싫어하시지만 의외로 보드게임을 긍정적으로 생각하시는 이른들도 많지요. 그래서 PC나 모바일 게임이 아닌 보드게임을 함께 하면서 부모님께 게임의 순기능도 소개하고 대화도 많이 한다면 부모님과의 관계가 회복될 것 같네요. 그리고 가족 차원의 갈등 해결뿐만 아니라, 게임 업계 차원에서도 규모가 큰 게임회사도 많이 생겼으면 좋겠습니다. 게임 업계는 업무 강도가 높다는 인식에서 벗어나 게임업계는 근무 조건이 좋고 즐겁게 일할 수 있는 곳이라는 생각이 들면 부모님들도 적극 권장해 주시지 않을까요?

수학을 싫어하는데, 수학을 꼭 잘해야 하나요?

수학을 잘하면 업무를 하는데 큰 도움이 됩니다. 컴퓨터 프로그램이 모든 계산을 대신해 주지만 어떤 상황에서는 이런 공식이, 어떤 계산식이 필요한지는 사람이 선택을 해야 합니다. 복잡한 수학 공식의 증명까지는 아니지만 사칙연산을 기본으로 한 수학적 능력이 좋으면 업무를 좀 더 수월하게 할 수 있답니다.

영어를 잘하면 어떤 도움이 될까요?

영어를 잘하면 최신 기술을 다른 사람보다 빨리 알 수 있지요. 과거 독일어나 일본어 공부를 통해 좀 더 앞서서 공부를 하셨던 분들처럼, 영어를 잘하면 해외의 게임 산업기술이나 트렌드를 빠르게 확인할 수 있게 됩니다. 요즘은 해외 게임 커뮤니티나 게임 컨퍼런스, 유튜브 영상 등은 영어로 진행되는 경우가 많기 때문에 번역이 나오기 전에 최신 기술을 알고 업무에 활용할 수 있다는 강점이 있죠. 또 한국 게임을 다른 나라에 수출하는 경우도 많은데 영어뿐만 아니라 다른 외국어를 잘하면 해당 국가 유저들의 관심이나 요구를 알 수 있어 나만의 큰 업무 장점이 됩니다.

게임 업계에도 여성기획자, 개발자들이 많이 있나요?

현재는 게임 업계에서 여성인력이 부족해 보입니다. 작업 환경이 남성과 비슷하고 게임 업계에서 만나 결혼하는 경우도 많이 있기 때문에 여성이 오랜 기간 게임 회사에서 근무하기 어려운 조건이에요. 신입의 경우 여성 기획자를 종종 볼 수 있지만 경력이 있는 여성 기획자나 개발자는 회사에서 찾기 어렵습니다. 하지만 앞으로 여성기획자나 개발자들이 더욱 많아질 것 같습니다. 개발 엔진이나 사용 프로그램들이 간편해지면서 여성들도 쉽게 게임을 만들 수 있어졌고, 부부 개발자들이 많이 생기면서 결혼으로 인해 경력이 단절되었던 여성 인력들이 계속해서 일을 할 수 있는 환경이 조성되고 있어요.

한국 게임 산업에 대해 아쉬운 점이 있나요?

한 커뮤니티에서 '트랙 게임의 최고 기록을 경신하지 않는 이유'라는 제목의 글을 본 적이 있습니다. 일본의 한 유저가 아버지가 돌아가시기 전 함께 게임을 하면서 얻었던 최고 기록을 경신하게 되면 더 이상 게임을 하며 아버지를 추억할 수 없어 항상 2등의 점수까지만 플레이를 한다는 내용이었습니다. 또 최근에는 한 아버지가 아들의 추천을 받고 게임을 하게 되었는데, 아버지가 게임을 할 때마다 아들이 보이지 않게 플레이를 도와주다가 들켜 아버지가 감동을 하고 부자 사이도 가까워졌다는 이야기도 본 적이 있어요. 이처럼 게임에는 순기능이 많이 있지만 그보다 부정적인 인식이 훨씬 많이 있어 아쉬워요. 정부가 게임 산업에 대해 다양한 규제들을 하려고 하는데 업계가 선두에 나서서 정부에서 게임 산업에 대해 신경을 쓰지 않아도 되도록 좋은 이미지를 심어 줬으면 좋겠습니다. 그리고 엔씨소프트가 야구단을 운영하는 것처럼 게임 업계가 사람들과 친숙해지는 이미지를 심어주는 다양한 노력도 필요하다고 생각합니다.

신입사원에게 듣는
게임기획자의
세계

엑스엘게임즈 아키에이지 레벨디자이너

이지혜

- 현) 엑스엘게임즈 아키에이지 레벨디자이너
- 전) 녹스엔터테인먼트 퍼블리싱 콘텐츠 로컬라이징
- 전) 다음게임서비스 퍼블리싱 고객지원
- 백석대학교 영어과 졸업

Question 간단한 자기소개 부탁드립니다.

안녕하세요. 엑스엘게임즈 아키에이지 개발실에서 레벨디자이너로 일하고 있는 이지혜입니다. 게임기획자로 일하기 전에는 다음게임서비스에서 고객지원 업무를 맡았고, 그 이후 회사에서는 콘텐츠 로컬라이징 및 현지화 업무를 병행했었습니다.

Question 현재는 어떤 업무를 하고 계신가요?

아키에이지는 MMORPG로 신들의 세상에 대한 열망과 탐험 등의 세계관을 가지고 진행되는 게임인데 저는 레벨 디자이너로 일하고 있습니다. 레벨 디자이너는 기획 의도에 맞게 맵을 구성하고 난이도를 조절하며 콘텐츠를 배열하는 업무를 하죠. 참고로 콘텐츠 배열은 기능 NPC(잡화상점, 방어구 상인, 가구 상인 등) 세팅, 몬스터 스킬, 맵 거리 조절 등의 일을 하는 것이에요. 저는 레벨 디자이너로 입사했지만 회사 특성상 다른 기획 업무를 모두 조금씩 하고 있습니다. 입사 초기에는 개발 서버 세팅, 크라이 엔진 에디터 세팅 등의 교육을 받은 후 주거지역 관련 기획 업무를 담당했어요. 제가 그린 가안도를 제안하면 기획팀 사람들과 함께 모여 수많은 회의를 통해 최종안을 만듭니다. 최종 컨펌된 내용을 아트팀에 넘기면 그것은 기본적인 지형으로 만들어지고 이를 바탕으로 저는 다시 콘텐츠를 배치합니다.

언제부터 게임업계에서 일을 해야겠다고 생각을 하셨나요?

저는 게임업계로 진로를 정하는 데에 남들에 비해 시기가 조금 늦었던것 같아요. 고등학교시절, 학교를 선택할 때만해도 취업이 잘되는 학과를 선택했고, 대학생 시기엔 공부보다 외부 활동을 많이했었어요. 게임업계에 가야겠다는 생각보다는 빨리 취업을 하고 싶다는 목표가 있었습니다. 그래서 대학교 졸업후, 주문대행서비스 요기요 영업팀에 입사했어요. 점심시간에 종종 시간이나면 팀원들과 함께 게임을 했는데, 평소 제 모습을 지켜보시던 본부장님께서 장난스럽게 '게임업계로 가보는것 어떻겠니?' 라며 권유하시더라고요. 그 일이 계기가 되어 호기심반 걱정반으로 업계로 들어오게 되었습니다.

대학시절 신나게 놀았다고 하셨는데 낮은 대학 학점으로 취업하는데 불리하지 않았나요?

오히려 저는 독보다 득이 된 것 같아요. 공부도 중요하지만, 공부 외의 활동도 중요하다고 생각합니다. 다들 머리를 싸매고 공부하는 시간에 저는 대외활동을 많이 했죠. 여행도 많이 다니고, 대학생 마케터 활동이나 봉사활동도 했습니다. 대외활동의 영향인지 소극적인 성격이 적극적으로 변하기도 했어요. 신나는 대학생활 끝에 얻은 학점은 4.0만점에 1.9였어요. 매우 낮은 학점이죠. 하지만 취업반 때 여러 기업에 지원하면서 쓴 이력서에 성적보다는 교외활동에서 얻은 다양한 경험을 경쟁력으로 삼았고, 이례적으로 큰 수확을 얻은 것 같아요. 학점이 낮다면 낮은 학점 대신 내세울 수 있는 아이템을 찾아야 불리하지 않다고 생각합니다.

Question 게임기획자가 되기 위한 본격적인 준비는 언제 하셨나요?

기획자로 일하기 직전까지 다니던 회사에서 콘텐츠 로컬라이징 및 현지화 업무를 병행했었습니다. 사실 일 자체가 어렵진 않았는데, 유저가 요청하는 개선사항이나, 업무적으로 진행하는 건의사항이 실현이 어렵게 되자 회의감이 들었어요. 그러다 중국팀과 커뮤니케이션을 하던 중에 현지 담당자께서 '개발 직군 중 기획자 포지션이 있는데, 기획자를 하면 잘할 것 같다'며, 한번 알아보라고 조언해주셨습니다. 그때를 계기로, 막연하게만 생각했던 내용을 구체화시키기 위해 준비를 시작하게 되었습니다.

Question 게임기획자가 되기 위한 본격적인 준비는 어떻게 하셨나요?

우선 시중에 나와있던 게임들을 만렙을 찍기 위해 노력을 했습니다. 외국 게임의 경우도 스팀을 통해 한 번 이상 플레이를 했습니다. RPG게임 제작 툴 쯔꾸르를 통해 '빨간 쿠키'라는 게임을 친구들 3명과 함께 직접 만들기도 했죠. 헨젤과 그레텔을 모티브로 한 게임인데 저는 레벨디자이너로 참여했어요. 해외 사이트에서 다른 국가 사람들과 온라인 TRPG를 하기도 했고요. 다양한 게임을 하면서 포트폴리오를 준비했습니다.

〈TRPG(tabletop role-playing game, 테이블탑 롤플레잉 게임)란?〉
대화를 통해 진행하고 각자가 분담된 역할을 연기하는(Role playing) 게임을 일컫는 용어

Question 포트폴리오는 어떻게 준비하셨나요?

스케치업과 유니티라는 프로그램 등을 통해 콘텐츠 기획서, 시스템 기획서, 시나리오(세계관) 기획서, 전투 기획서, 레벨 기획서, UI 기획서 등을 준비했습니다. 웹 기반의 프로젝트 관리 소프트웨어 트렐로(Trello)를 이용해 일정도 관리하며 차근차근 포트폴리오를 준비했죠. 이렇게 작성한 포트폴리오 문서는 주변 지인들에게 피드백을 받으면서 준비를 했어요. 게임교육 기관에 다니는 사람도 있지만 개인적으로는 포트폴리오에 대한 피드백을 받을 수 있는 사람이 주변에 있다면 굳이 안 다녀도 될 것 같다고 생각해요. 현직 개발자들이 많이 찾는 인터넷 사이트, 카페 등을 찾으면 피드백을 받을 수 있는 소모임이 개설되기도 해 굳어 교육기관이 아니더라도 개인적으로 포트폴리오를 준비할 수 있어요.

Question 영어를 잘하면 게임기획자에게
어떤 도움이 될까요?

영어뿐만 아니라 제3국의 언어를 할 수 있으면 관심있는 분야의 기술을 접하거나, 해외 웹사이트를 통해 여러 가지 정보를 확인하고자 할 때 도움이 많이 됩니다. 더 나아가, 외국어로 의사소통에 어려움이 없다면 해외 현지 퍼블리셔와 커뮤니케이션 기획자로 일할 수도 있고, 포지션에 따라서 이직을 하거나 해외로 취업을 할 수도 있어요.

채용 면접 때에는 어떤 질문을 받았나요?

'자신을 세 가지의 단어로 표현하라'는 질문이 가장 인상적이었습니다. 저는 덕질, 노력, 뚝끼라고 대답했어요. 대체로 면접은 포트폴리오에 대한 질문을 많이 했고 상황판단 대처 능력도 물었습니다. 예를 들어 기획하는 의도와 일이 다르게 진행될 때 어떻게 행동하겠냐는 식의 질문처럼 어떤 상황일 때 어떻게 대처할 것인가에 대한 질문이요. 레벨 디자이너 업무에 대한 질문도 받았습니다. 한 회사의 경우 특정 게임에 대한 역 기획서를 작성하라는 미션을 받기도 했어요. 면접이었지만 저는 오히려 회사 분위기나 처우 등에 대한 질문을 면접관들에게 하기도 했었습니다.

여성으로서 게임기획자라는 직업을 가졌을 때 주변의 반응은 어떠했나요?

평소에 게임을 좋아해서인지 주변 친구들은 "너라면 할 수 있을 것 같아", "너랑 어울려"라고 응원해 주었습니다. 부모님과 친척들 역시 "드디어 적성을 찾았네"라는 긍정적인 반응을 보여주셨어요. 집안에 IT분야에서 일하는 분들이 많아 걱정보다는 오히려 진로에 대해 조언을 많이 해주셨던 기억이 납니다. 특히 부모님은 "어릴 때 게임 좀 실컷 하게 해줄 걸"이라며 농담을 하시기도 했죠. "결혼을 하고도 일을 계속할 수 있니?"라며 걱정이 담긴 질문도 받았지만, 규모가 큰 회사의 경우 육아휴직 등의 복지가 잘 갖춰져있어 가능하다고 이야기했습니다.

하나부터 열까지 꼼꼼하게 파고드는 사람이라면 게임기획자 업무에 큰 도움이 될 것 같아요. 추상적으로 생각했던 것들을 구체화시키는데 평소 연습을 하면 좋습니다. 최근 게임 개발 무료 툴이 많이 생겼기 때문에, 생각을 직접 실천으로 작업해보는 것을 추천합니다. 개발이 어떻게 흘러가는지에 대한 구조를 알려면 스케치업 사이트나 현직 레벨디자이너들이 많이 포진되어있는 마인크래프트 등을 통해 영감을 얻을 수도 있고요. 특히 게임기획자에게 제일 중요한 것은 게임을 많이 하는 거예요. 무의미한 게임 플레이 말고 '이건 왜 몬스터를 여기 배치했지?', '이 게임의 재미는 무엇일까?' 등의 질문들을 하나씩 나열해가는 연습을 하면 생각을 정리하는데 도움이 많이 됩니다. 아이디어가 떠오를 때 현실성이 없어서 안될 것이라고 속단하지 말고 노트에 하나씩 정리하다 보면 나중에 큰 자산이 돼요. 한글 맞춤법이나 띄어쓰기를 제대로 사용하는 것도 기획안이나 자기소개서를 작성할 때 아주 유용하죠. 간절함을 가지고 적극적으로 하나둘씩 실천해 나간다면 어느새 꿈에 도달해 있는 자신을 볼 수 있어요.

넷마블 천백십일 콘텐츠 기획자

이창현

- 현) 넷마블 천백십일 국내사업팀 게임 콘텐츠 기획 및 QA
- 전) IGS QA
- 호서대학교 경영학과 졸업

 간단한 자기소개 부탁드립니다.

안녕하세요. 넷마블 천백십일 글로벌 기획팀에서 라이브 기획 및 QA를 병행하고 있는 이창현입니다.

 게임기획자란 직업을 언제부터 꿈꾸기 시작했고 어떻게 준비했나요?

저는 어린 시절부터 게임을 정말 좋아하며 자랐습니다. 어린 시절 '창세기전'이라는 게임을 접한 뒤로 꼭 이런 게임을 만들고 싶다는 마음을 한구석에 가지고 있었어요. 그러다가 친구들과 의기투합해 함께 공부를 시작하게 되었죠. 친구들과 관련 서적을 찾아서 읽고 집이나 카페에서 모여서 실습하는 식으로 준비했습니다. RPG 메이커, 유니티 같은 게임 엔진을 직접 디뤄보기도 하고 한국에서는 서비스를 하고 있지 않은 '4ones poker'라는 포커게임을 만들기도 했지요. 프로그램, 기획 등 게임 관련 분야를 가리지 않고 공부하다가 결국 기획 업무가 적성에 맞다고 판단해 게임기획자가 되었습니다.

컴퓨터나 게임 관련 전공이 아닌 경영학과를 전공하셨네요?

네. 졸업 후 스스로 공부를 한 뒤 게임 업계에 입문하게 되었습니다. 졸업 후에는 게임 QA 업무를 1년 정도 했어요. 게임 QA란 쉽게 말해 제품 검증을 하는 일입니다. 게임에 결투장이 새로 추가된다거나 신규 맵이 추가되었을 때 버그를 찾고, 수정하고 유저들에게 게임이 오픈할 때까지의 게임 제품을 검증하죠.

게임기획자란 직업을 가졌을 때 기분이 어떠셨나요?

단순히 게임을 좋아하고 게임을 만들고 싶다는 막연한 생각 하나로 시작한 공부였는데 그 꿈을 이루게 되었을 때는 뛸 듯이 기뻤습니다. 하지만 주위에서는 "그거 극한직업 아니냐?", "집에 못 갈 정도로 일이 많다고 하던데", "오, 이제 니가 게임도 만드는거야?"라는 반응이었습니다. 게임기획자란 직업이 야근이 잦긴 하지만 극한 직업까지는 아니라고 생각했고 제가 좋아하는 일이기 때문에 스스로 야근을 자청하고 있어요. 하하.

직접 게임기획자로 일하면서 직업에 대해 새롭게 알게 된 점이 있나요?

게임 기획자란 단순히 게임을 만들고 다듬는 수준의 직업이 아니라 그 이상의 것을 해야 할 수 있어야 한다는 것을 알게 되었습니다. 게임기획자는 유저들의 마음을 이해해야 하고 게임을 구성하는 모든 것들을 알고 있어야 해요. 그만큼 공부가 많이 필요한 직업이죠. 예를 들어 몬스터의 리젠을 기획할 때 단순히 '맵에 나오게 해주세요'라는 요구 사항으로는 게임이 구현되지 않습니다. 'X와 Y 좌표 넓게 한 지역에 몇 마리 이상 나오게'라는 세세한 주문이 필요합니다. 단순히 '1지역에 오크 10마리 나오게 해주세요'라는 기획서를 작성한다면 오크가 한점에 겹쳐서 10마리가 나타나는 불상사가 일어나는 경우가 많습니다. 이처럼 여러 가지 고려해야 할 것이 많은 직업이죠.

<리젠이란?>
컴퓨터 온라인 게임에서 몬스터들이 죽고난 뒤 다시 나타나는 것을 일컫는 말

Question **게임기획자로서 보람을 느낄 때는 언제인가요?**

제가 기획한 콘텐츠가 유저들에게 호평을 받을 때가 가장 기분이 좋습니다. 유저들이 카페나 팬 페이지에 호평이나 문제점 지적 등 반응을 남겨주면 그걸 읽으면서 기운도 나고 때로는 더 잘해야겠다는 생각을 해요.

Question **신입 게임기획자로서 게임기획자는 어떤 특성을 가진 사람들에게 적합할까요?**

게임기획자는 끊임없이 공부해야 하고, 프로그래머와 대화하면서 게임 콘텐츠를 기획대로 구현해야 하기 때문에 커뮤니케이션 능력이 좋은 사람이 적합한 것 같습니다. 단순히 게임

을 좋아하는 것을 넘어 '이 게임의 이 콘텐츠는 왜 이렇게 만들었을까?', '어떤 재미를 주려고 만들었을까?', '이 게임은 왜 재미있는 것일까?' 등의 의문을 많이 가지고 탐구하는 사람이라면 게임기획자로 충분히 일을 잘 할 수 있을 것 같습니다.

Question ‌ 연봉, 복지 등 게임기획자의 처우는 어떠한가요?

일반 중소기업 수준의 연봉을 받는 것 같습니다. 복지 혜택은 회사에 따라 다릅니다. 아직 게임에 대한 인식이 많이 개선되지 않아 대기업 수준의 복지 혜택은 아니지만 넷마블, 넥슨, 엔씨소프트 등 규모가 큰 게임회사의 경우는 보통 회사와 비슷한 수준의 복지 혜택이 있어요. 그래도 게임에 열정이 있고 도전을 하시려는 분이라면 일을 할 수 있을 정도의 처우는 받는 것 같습니다.

Question ‌ 게임기획자를 꿈꾸는 청소년들이 어떤 준비를 하면 게임기획자 업무를 더 수월하게 할 수 있을까요?

프로그램 언어를 많이 알아 두신다면 취업 후 많은 도움이 됩니다. 게임을 좋아한다면 한 가지 장르에 편향되어 게임을 하는 것보다 여러 장르의 게임을 두루 해보는 것이 좋습니다. 또한 자기 개발을 위한 독서를 많이 하는 것도 큰 도움이 돼요. 판타지 소설 같은 흥미 소설도 게임의 세계관을 구축하는데 도움이 될 수 있기 때문에 다양한 종류의 책을 많이 읽는 것이 좋습니다. 나아가 독서를 많이 하게 되면 어휘 선택이 다양해져 기획서를 작성할 때 상대방에게 의사를 잘 전달할 수 있지요. 게임 제작 툴을 통해 친구들과 직접 게임을 만들어 보는 것도 큰 도움이 되고 동아리 활동으로 컴퓨터나 게임 관련 동아리 활동을 하게 된다면, 게임기획자로서의 역량을 기를 수 있을 것 같습니다.

팩토리얼게임즈 로스트킹덤 레벨디자이너

김서원

- 현) 팩토리얼게임즈 로스트킹덤 레벨디자이너
- 전) 미디어 인터렉티브 산학협력생
- 한국산업기술대학교 게임공학과 졸업

Question **간단한 자기소개 부탁드립니다.**

안녕하세요. 팩토리얼게임즈의 로스트킹덤 스튜디오에서 레벨디자인을 맡고 있는 김서원입니다. 저는 주로 맵의 전체적인 구조를 만드는 업무를 담당하고 있습니다. 몬스터를 포함한 각종 오브젝트 및 환경 효과를 배치하고 그로 인해 플레이어가 경험할 콘텐츠의 소비 동선과 난이도를 배열하는 업무도 하고 있어요. 게임의 장르나 프로젝트의 성격, 회사에 따라 역할이 조금씩 달라집니다. 하지만 일반적으로 맵을 설계하고 그 안에서 유저들이 소비할 주요 콘텐츠를 배치한다고 보시면 됩니다.

Question **언제부터 게임기획자란 직업을 꿈꾸기 시작했나요?**

고등학교 시절부터 게임기획자를 꿈꾸기 시작했습니다. 게임을 만들고 싶다는 막연한 생각은 그전부터 하고 있었습니다. 그러던 중 3학년 담임을 맡으셨던 스승님께서 게임 업계에서 일할 것을 제안하셨고, 부모님께서도 그 의견을 적극적으로 지지해주셨죠. 스승님의 제안이 직업을 선택하는데 결정적인 계기가 되었고 그 후에도 어려움에 부딪힐 때마다 많은 분들의 도움을 받았어요. 사실 혼자만 노력했다면 좌절만 겪다가 전혀 다른 길로 갔을지도 모르겠네요. 지금은 저를 이끌어주신 모든 분들에게 진심으로 감사하고 있습니다.

Question 게임기획자가 되기 위해 어떻게 준비하셨나요?

준비 과정은 워낙 시행착오의 연속이었기에 말씀드리기가 조심스럽네요. 이렇게 준비해야 한다고 받아들이기보다는 그냥 한 개인의 경험으로서 보시면 좋을 것 같습니다. 저는 가장 먼저 게임을 분석하는 시각을 기르려고 했습니다. 단순히 즐기는 입장에서 벗어나 이게 어떻게 작동될까, 이렇게 만든 이유가 무엇일까 그 부분을 계속 생각하려고 했어요. 잘 되든 안 되든 말이지요. 그런 다음 흔히 말하는 역 기획서라는 것을 준비했었는데요. 그 과정에서 기획과 역 기획은 전혀 다르다는 것을 알았습니다. 개인적으로 역 기획서는 경험 차원에서 한 번쯤은 해볼 만 하지만 너무 여기에 집중하는 것은 추천드리지 않습니다. 게임기획자는 엄연히 기획을 하는 직업이기 때문에 역 기획을 반복해서 여러 번 하는 것보다 제대로 된 기획을 한 번 하는 것이 더 큰 도움이 된다는 것이 제 의견입니다.

Question 어린 시절부터 준비했던 게임기획자가 되었을 때 기분은 어떠셨나요?

기획자가 된다면 큰 설렘을 느낄 것이라고 생각했었지만 막상 되고 나니 생각보다 특별한 감흥이 없었습니다. 이제 간신히 출발선에 섰다는 느낌이랄까요? 너무 오랫동안 준비를 했던 탓에 그런 느낌이 들었는지도 모르겠네요. 하지만 기획자가 된 당시에는 잘 느끼지지 못했지만 오히려 일을 계속 하면서 게임기획자가 상당히 매력적인 직업이라는 감정을 서서히 느끼고 있습니다.

Question 게임기획자라는 직업의 매력적인 부분은 무엇인가요?

제가 기획한 내용이 게임에서 실제로 구현되고 작동되는 모든 순간에 크고 작은 보람을 느낍니다. 어떤 형태로든 자신의 흔적을 하나씩 만들어 간다는 그런 느낌이에요. 유저들이 거기서 재미를 느껴주면 더욱 좋겠지만 아쉽게도 경력이 짧아 아직 그런 경험은 없습니다. 그래도 그런 보람이 가장 좋을 것 같다는 점에 이견이 없으며, 언젠가는 그런 보람도 느낄 수 있기를 기대하고 있습니다.

Question 신입 게임기획자로서 어려움은 무엇인가요?

기술적으로 구현할 수 없는 문제나 기타 이슈 등으로 인해 힘들게 정리한 기획의 개발이 취소될 경우입니다. 오랜 시간을 들인 기획이 무용지물로 변하는 순간은 아쉬움을 감추기가 어려워요. 기획은 무수한 변수가 존재하기 때문에 정답이 없고 단 한 번에 의도하는 바를 찾아내기도 불가능에 가깝습니다. 극단적으로는 게임에 적합한 아이디어를 뽑아내 구현까지 완료되었다 해도 퍼블리셔의 반대 등 개발팀 외적인 문제에 부딪힐 수도 있고요. 그래서 기획은 계속 고민하고 만들고 버리는 과정의 연속이라고 생각합니다. 게임기획자를 시작하려면 무엇보다도 이것에 익숙해질 필요가 있죠.

게임기획자가 되기 위해서는 관련 학과를 전공해야만 할까요?

제가 대학에 재학할 당시만 해도 게임 기획에 대해 배우거나 토론할 수 있는 곳이 드물었습니다. 그래서 전공도 자연스럽게 기획과 관련 없는 곳을 나왔습니다. 그러다 보니 기획자가 되기 위해 무엇을 해야 할지 방향을 잡는데 시행착오가 많았습니다. 최근에는 과거보다 게임과 관련된 학과들도 많이 늘어나고 기획을 배울 수 있는 각종 커리큘럼들이 제공되는 것으로 알고 있습니다. 그러다 보니 게임 관련된 전공이나 동아리 활동을 하고 있다면 그것만으로도 괜찮은 출발선에 위치했다고 할 수 있겠죠. 하지만 게임기획자가 되는 데에 관련 학과가 어느 정도 영향은 주겠지만 절대적이지는 않은 것 같습니다.

다양한 경험이 없어도 게임 회사 입사에 괜찮을까요?

다른 업종에서의 경험이 없다고 해서 특별히 마이너스 요소가 있는 것 같지는 않습니다. 저 역시도 처음부터 게임기획자가 되기 위한 준비를 했기 때문에 대학 졸업 후 입사 전까지 특별한 경험이 없습니다. 다소 특이한 경력을 가지신 분들도 취업에 성공하는 경우를 자주 보긴 했지만 대부분의 개발사에서는 게임에 대해 얼마나 잘 이해하고 있는지를 가장 중요하게 생각하는 것 같습니다.

게임기획자는 어떤 특성을 가진 사람들에게 적합할까요?

상상력이 풍부하고 게임을 좋아해야 한다는 것은 너무 당연한 사실입니다. 강한 체력, 빠른 작업 속도, 툴에 대한 숙련도, 효율적인 커뮤니케이션 등 업무적인 특성은 배제하고 여기에 항상 '왜?'라는 의문을 갖는 자세와 늘 대상을 다각도로 보는 시야도 중요한 것 같아요. 기획에는 정답이 없기 때문에 아주 괜찮은 콘텐츠가 다른 게임으로 가는 순간 실패한 콘텐츠로 돌변하기도 하고 또 그 반대의 경우가 발생하기도 하죠. 이런 상황들은 게임의 장르, 플랫폼, 개발 과정의 이슈, 서비스 시기, 대상이 된 유저들의 성향 등 특정하기 어려운 다양한 원인들로 발생합니다. 이러한 상황 속에서도 항상 '왜?'라는 의문을 갖고 이런 일이 왜 일어나는지 파악하는 것이 중요해요. 그리고 개발 중인 게임에 가장 어울리는 기획이 무엇인지를 다양한 관점에서 생각하는 연습을 하면 좋을 것 같습니다.

Question **게임기획자를 꿈꾸는 청소년들이 어떤 준비를 하면 게임기획자 업무를 좀더 수월하게 할 수 있을까요?**

기획자로서의 스킬을 기르는 것도 좋지만 게임기획자는 같은 현업에 종사하시는 분들과 인연을 쌓고 계속 교류하는 것이 가장 중요합니다. 다른 분들은 저와 생각이 다를 수 있지만 기획이라는 분야는 아직 그래픽이나 프로그래밍처럼 무엇을 공부해야 한다는 명확하고 체계적인 자료가 없습니다. 게임기획자가 되기 위한 방법도 계속 변하고 있어요. 그래서 주변에 도움을 받을 수 있는 분을 찾아 멘토로 삼고 항상 조언을 구하길 권합니다. 혹시 멘토를 찾는 일이 쉽지 않다면 관련 사이트나 동아리 등을 통해 함께 기획자의 꿈을 꾸는 동료들이라도 꼭 찾았으면 좋겠습니다.

예비 게임기획자 아카데미

게임의 변천사

게임은 기술의 발전에 따라 함께 발전해 왔습니다. 기술이 발전되면서 새로운 기기(플랫폼)가 개발되고 이후 새로운 유형의 게임이 나오는 형태를 보였습니다. 기술 발전에 따른 게임의 역사를 살펴보고 앞으로는 어떤 형태의 게임이 등장할지 생각해봅시다.

전자 게임의 시작

최초의 컴퓨터게임은 1958년 미국 부룩헤이븐 국립연구소의 연구원인 Willy Higginbotham이 개발한 Tennis for Two로 알려져 있습니다. 아날로그 컴퓨터에 몇 개의 버튼을 조합한 형태의 게임으로 컴퓨터 앞에 앉아 두 사람이 서로 공을 주고받는 식의 게임이었습니다.

1961년 MIT의 대학생 Steve Russell이 만든 스페이스 워(Space War)라는 게임은 세계 최초의 쌍방향 컴퓨터 게임으로 기록되었습니다.

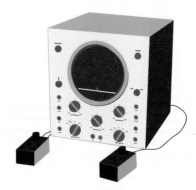

\<Tennis for Two\>

개인용 컴퓨터의 탄생

1975년 최초의 개인용 컴퓨터 알테어 8800(Altair 8800), 1976년 애플사의 8비트 개인용 컴퓨터 애플2(Apple II), 1977년 아타리사(Atari)의 카드리지 게임시스템 VCS(Video Computer System)이 개발되며, 일본 타이토(Tarto)의 스페이스 인베이더(Space Invader), 일본 닌텐도(Nintendo)사의 오델로(Othelo), 세가(Sega)사의 모나코 지퍼(Monaco Zippy) 등이 출시되었습니다.

\<Apple II \>

소형화되는 가정용 게임기

1980년대 닌텐도(Nintendo)사의 패미콤(Famicom), 세가(Sega)의 세가 마스터(SegaMaster) 등이 출시되면서 8비트 비디오게임 열풍이 불기 시작합니다. 가정용 게임기의 출현으로 갤러그, 슈퍼마리오, 테트리스 등이 출시되어 큰 인기를 끌었습니다.

<갤러그>

<슈퍼마리오>

PC의 보급화

1995년 MS의 윈도우 95가 발표되면서 기존의 도스 중심에서 그래픽 인터페이스로 변화되었습니다. 함께 개발된 다이렉트 X는 하드웨어 호환성 문제를 해결해 게임 산업 활성화에 큰 도움을 주었습니다. 개인용 PC가 급속도로 보급되기 시작하자 PC 패키지 시장이 함께 성장하며 스타크래프트(StarCraft), 레인보우 식스(Rainbow Six), 창세기전 시리즈 등이 큰 사랑을 받았습니다. 이후 인터넷이 발전하면서 바람의 나라, 리니지, 월드 오브 워크래프트(WoW), 서든어택, 리그오브레전드(LoL) 등의 온라인 기반 게임이 등장했습니다.

<StarCraft, WoW>

스마트폰의 일반화와 VR·AR의 발전

<포켓몬고, VR>

2010년 이후 스마트폰이 일반화되고 무선인 터넷이 보급화 되면서 게임시장이 모바일 게임 위주로 많이 재편되었습니다. 대표적인 게임으로 애니팡, 캔디팡, 드래곤 플라이트, 쿠키런, 모두의 마블, 몬스터 길들이기, HIT 등이 있습니다. 최근에는 VR(가상현실, Virtual Reality)과 AR(증강현실, Augmented Reality)의 기술이 발전하면서 포켓몬고, 이글 플라이트(Eagle Flight), 배트맨 아캄(Batman Archam VR) 등의 게임이 출시되고 있습니다.

게임의 종류

　게임의 장르는 플레이 방식에 따라 구분할 수 있는
데 보편적으로 슈팅 게임, 액션 게임, 어드벤처 게임,
시뮬레이션 게임, 롤 플레잉 게임, 스포츠 게임 등이 있
습니다.

❶ 슈팅 게임(Shooting)

　직접 총기를 쏘거나 탱크나 비행기 등 전투용 탈 것(military vehicle)을 조작해 상대방(적)
을 공격하는 장르입니다. 3D 기술이 도입되면서 1인칭 시점으로 하는 게임만을 1인칭
슈팅 게임(FPS, First Person Shooting) 장르로 구분하기도 합니다. 슈팅 게임의 대표작으로는
스페이스 인베이더(Space Invader), 제비우스(Xevious), 갤러그(Galaga), 1942, 메탈 슬러그(Metal
Slug) 등이 있습니다.

❷ 액션 게임(Action)

　유저가 직접 신체 동작을 결정해 상대방이나 적과 대적하는 게임으로 과거 전자오락
실에서 주를 이뤘습니다. 대표적인 게임으로는 동키 콩, 킹오브파이터즈 시리즈, 철권 시
리즈 등이 있습니다.

❸ 어드벤처 게임(Adventure)

　유저가 직접 게임 속 주인공이 되어 주어진 이미
만들어진 시나리오를 중심으로 모험하며 사건과
문제를 풀어 나가는 게임입니다. 대표적인 게임으
로는 원숭이 섬의 비밀(Monkey Island) 시리즈, 페르시
아의 왕자, 툼레이더 등이 있습니다.

❹ 롤 플레잉 게임(Role Playing)

유저가 직접 주인공이 된다는 면에서 어드벤쳐 게임과 비슷하지만 RPG는 주인공이 직접 스토리를 만들어 나가는 게임입니다. 마법, 검, 무기 등을 통해 게임 속 캐릭터들의 능력을 키워나갑니다. 다중접속역할수행 게임(MMORPG: Massively Multi-player Online Role Playing Game)도 RPG라 할 수 있습니다. 디아블로(Diablo), 바람의 나라, 리니지, 아이온, 월드 오브 워크래프트 등이 대표적입니다.

❺ 시뮬레이션 게임(Simulation)

전쟁, 도시 건설, 비행, 육성 등 현실에 근거해 진행되는 게임으로 진행 방식에 따라 진행 방식에 따라 턴(turn) 방식과 실시간 방식으로 나눌 수 있습니다. 삼국지, 스타크래프트(StarCraft), 프린세스 메이커(Princess Maker), 심시티(Simcity), 심즈(Sims) 등이 대표적인 시뮬레이션 게임입니다.

❻ 스포츠 게임(Sports)

다양한 스포츠 종목들을 소재로 하는 게임입니다. 야구, 축구, 농구 등 공식 협회와의 라이센스를 체결해 사실감 있는 스포츠 경기를 제공합니다. 대표적인 게임으로 위닝 일레븐(Winning Eleven), FIFA(축구), NBA(농구), NHL(하키) 등이 있습니다.

출처: 한국 게임의 역사

조용래 게임기획 팀장이 전하는

게임 기획이란 무엇일까?

기획은 물음표에서 시작됩니다. 예를 들어 '어느 장르의 게임이 없네?', '지금 유저들은 이런 아이템을 원하는 것 같은데?'라는 질문입니다. 그리고 '문제를 어떻게 해결하지?'란 질문에 '아! 이렇게 하면 될 것 같아!'라고 해결안을 생각하는 것이 바로 기획의 시작입니다. 물음표와 느낌표가 모였을 때 기획은 시작됩니다.

기획 의도는 물음표와 느낌표를 만들어야겠다는 것입니다. 기획 의도가 나오면 사람들이 모여 진지하게 논의합니다. '이런 장르로 하면 좋을 것 같아!', '이런 엔진을 포함하면 좋을 것 같아!' 등 다양한 아이디어를 만나면 기획은 살이 더해지고 모양이 구체화됩니다.

이런 과정을 통해 기획은 완성되어 갑니다.

그렇다면 좋은 기획이란 무엇일까요?

> '처음 물음표와 느낌표를 담았던 기획 의도가
> 끝까지 남아 있는 것!'

이것이 바로 좋은 게임 기획입니다. 살이 더해지고 외형이 달라지면서 처음 게임 의도를 잃어버리는 경우가 많은데 처음 의도는 끝까지 남아 있어야 합니다. 그래야 기획 의도가 게임 기획의 시작과 마지막을 든든하게 받쳐 줄 수 있습니다.

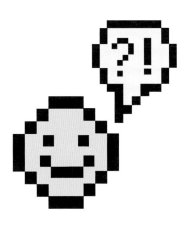

나도 이제 게임기획자! 제작하고 싶은 게임을 생각해보고, 간단한 기획서를 작성해 봅시다. 기획 의도를 분명히 하고, 세계관, 컨셉, 목표와 고려 사항, 게임의 난이도를 결정하는 요소, 다른 게임과의 차별성 등을 구체적으로 생각해 보아요.

· 원페이지 게임기획서 예시

THE 문

· **플랫폼** : pc

· **장르** : 어드벤처 생존 MMORPG

· **목표** : 중력 세계와 지하 세계에서 펼쳐지는 생존 게임. 변종 동물들을 이용해 살아남아야 한다.

· **기획의도** : 전투치중에 지루함을 느낀 유저들을 위해 생활과 밀접한 생활형 플레이를 가능하도록 구성한다. 생활형 플레이를 통해 알찬 재미를 느낀다.

· **고려사항** : pc가 도달할 수 있는 최대 레벨은 100이며, 도달하는데 필요한 플레이 시간은 600시간이며, 전체존에서 캐릭터가 얻을수 있는 골드량은 최대 1000000000골드, 경험치는 111505855 EXP로 정했다.

· **그래픽** : 3D

· **카메라 시점** : 백뷰

· **세계관** : 지하세계에서 살아남은 인간들이 바깥세계로 올라와 자급자족하면서 생활의 터전을 일구어 나간다. 대륙을 떠돌며 모험을 하던 중 중력 세계를 발견하게 되고, 자신들의 영지를 지키고 살아남기 위해 영역에 범하는 자들과의 전쟁을 선포한다.

· **컨셉** : 시대 배경은 2400년 경, 반 중력 물질을 사용하여 대륙 전체가 공중에 떠있다. 중세 말기와 현대식 건축양식이 공존하며, 토지가 적고 인구 밀도가 적은 도시 특성상 건물들이 덕지덕지 붙어 수직으로 복잡하다. 부력을 이용한 교통수단이 발달되어 있으며, 도시 내에 3m 이상 나무를 심을 수 없다.

· **차별성** : 현실이 반영된 직업이 존재하며, 숙련도에 따라 스킬을 생성할수 있다. 멀티 시나리오 퀘스트 시스템 그리고 지하세계와 중력세계의 전투시스템

· 내가 만들어보는 원페이지 게임기획서

1. 중세시대를 배경, 1인칭 관점으로
   원페이지 기획서를 작성해보세요.

·플랫폼 :   ·그래픽 :

·장르 :   ·카메라 시점 :

·이용 타겟층 :

·목표 :   ·세계관 :

·기획의도 :   ·컨셉 :

·고려사항 :   ·차별성 :

·게임의 난이도를 결정하는 요소 :

· 내가 만들어보는 원페이지 게임기획서

2. 모바일 게임을 기획해 보세요.

·플랫폼 :

·장르 :

·이용 타겟층 :

·목표 :

·기획의도 :

·고려사항 :

·그래픽 :

·카메라 시점 :

·세계관 :

·컨셉 :

·차별성 :

·게임의 난이도를 결정하는 요소 :

3. 본인이 기획하고 싶은 게임을 자유
롭게 만들어 보세요.

·플랫폼 :   ·그래픽 :

·장르 :   ·카메라 시점 :

·이용 타겟층 :

·목표 :   ·세계관 :

·기획의도 :   ·컨셉 :

·고려사항 :   ·차별성 :

·게임의 난이도를 결정하는 요소 :

게임 개발의 핵심!
개발엔진 알아보기

[Program]

언리얼엔진

내용
높은 안정성, 빠른 기술 지원 등으로 개발자들이 많이 이용하는 게임엔진

대표 게임
리니지2, 블레이드 앤 소울, 데드 스페이스, 인피니티 블레이드, 서든어택2

공식 홈페이지 주소
http://www.unrealengine.com/ko
http://cafe.naver.com/unrealenginekr

RPG 메이커 (알만툴)

내용
일본 엔터브레인 회사에서 만든 게임툴

대표 게임
To the moon, 회색정원, Mogeko Castle, 대해원과 와다노하라, ib

공식 홈페이지 주소
http://www.rpgmakerweb.com/

유니티

내용
실시간 3D 애니메이션과 같은 콘텐츠를 제작하기 위한 통합 도구
모바일 플랫폼을 포함해 다양한 플랫폼을 지원함

대표 게임
하드스톤, 트리플타운, 배드피기즈, 드리프트 걸즈, 어쎄신 크리드

공식 홈페이지 주소
http://unity3d.com/kr

크라이엔진	**내용** 언리얼 엔진에 버금가는 고 퀄리티 구현 가능함 가시거리가 넓고 수면반사 효과, 배경, 지형 표현 등에 뛰어남 **대표 게임** 아키에이지, 아이온, 문명온라인, 파크라이 **공식 홈페이지 주소** http://www.crytek.com/
게임샐러드	**내용** 프로그래머가 아닌 사람들도 게임을 만들 수 있음 코딩이 필요 없는 드래그 앤 드롭 방식 **대표 게임** 캔디크러쉬(모바일), 플라잉버드(모바일) **공식 홈페이지 주소** http://www.gamesalad.com/
코코스 2D-X	**내용** 파이썬용으로 제작된 엔진 오픈소스와 다양한 플랫폼으로 결과물 창출이 가능 간단한 그래픽을 구현하는 모바일 게임에 주로 활용 **대표 게임** 모두의 마블(모바일), 별이되어라(모바일), 아이러브 커피(모바일), 에브리타운(모바일), 쿠키런(모바일), 다함께 퐁퐁퐁(모바일), 제노니아5(모바일) **공식 홈페이지 주소** http://www.cocos2d-x.org/

게임기획자에게 유용한 프로그램

[Program]

paint.net
레벨디자인 기획,
주요 문서 작성

내용

- 어떤 환경이든 비영리적으로 사용가능
- 가볍고 간단하면서, 무료로 적당한 기능으로 이미지와 사진 등을 편집할 수 있는 툴
- 디자인팀으로 보낼 간단한 그림 편집 시 유용

화면

Trello
일정관리 프로그램

내용

- 커다란 보드에 포스트잇을 붙여놓은 듯한 모양의 협업 커뮤니케이션 툴
- 포스트카드를 마우스 드래그만으로 손쉽게 움직일 수 있으며, 프로젝트 진행상황을 한눈에 확인가능
- 리스트, 라벨, 필터 기능을 제공하며 프로젝트의 흐름을 빠르게 확인가능
- 웹서비스와 모바일 서비스가 실시간으로 공유되어 어디서든 업데이트가 가능

화면

Draw.io
전투시스템,
밸런스 문서 제작

내용

- flow chart를 쉽게 그릴 수 있어 직관적으로 이해할 수 있도록 함
- 도형을 제작할 수 있어 사용이 편리하고 쉽게 구현이 가능한 프로그램

화면

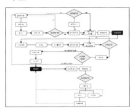

엑셀
밸런스,
수치 값 입력

내용

- 스킬 테이블, 아이템 테이블, 퀘스트 테이블 등을 작성하기 유용

화면

알마인드맵	내용	화면
브레인 스토밍, 생각 정리	- 생각하는 내용을 정리하기 쉬움 - 보고서 및 기획안 작성할 때 유용함	

Cacoo	내용	화면
브레인 스토밍, 생각 정리	- 구글 웹스토어에서 지원하는 무료 다이어그램 - 드래그앤 드롭의 사용방식으로 쉽고 빠르게 다이어그램을 그릴 수 있으며 무료로 지원하는 베이직 오피스 레이아웃이나 플로우차트 등 기능이 있음 - 완성된 다이어그램은 이미지 png파일로 내보내기 할 수 있으며, 작업파일은 저장 할 수 있기 때문에 언제든지 편집이 가능함	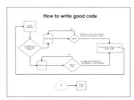

SVN	내용	화면
데이터(소스) 공유	- 웹하드처럼 회사 내에서 다른 직원들과 업무 자료들을 쉽게 공유할 수 있음 - 회사 사내 SVN과 연동해서 사용함	

스케치업	내용	화면
레벨디자인	- 3D 모델링 프로그램, 무료 소프트웨어 - 레벨디자인 문서 작성 할 때 유용한 툴 - 아트팀과 커뮤니케이션 시 쉽게 내용을 전달 할 수 있음	

스크래치로 만들어보는 간단한 프로그램

스크래치는 미국 MIT의 미디어랩과 UCLA 연구자가 만든 협업 프로젝트입니다. 프로그래밍에 대한 기초 지식을 쌓을 수 있는 프로그램으로, 복잡하고 어려운 프로그래밍 언어 대신 블록을 드래그 앤 드롭해서 누구나 쉽게 만들 수 있답니다. 간단한 방법으로 동물을 움직이게 하거나, 배경을 바꿀 수도 있고, 동작을 하게 만들 수도 있어요. 다양한 사람들이 만든 결과물을 서로 공유할 수도 있죠. 소개되는 설명을 따라 나만의 게임을 만들어보는데 도전해볼까요!

스크래치
다운로드 및 설치방법

- 버전 1.4 와 2.0
  (2.0 버전은 주기적으로 업데이트가 되므로 리소스를 계속 받아야함)
- 링크를 클릭하여 자신의 운영체제와 맞는 파일을 선택하여 스크래치 다운로드
- 지구본 아이콘을 클릭해 언어 변환 가능

https://scratch.mit.edu

스크래치 메인화면

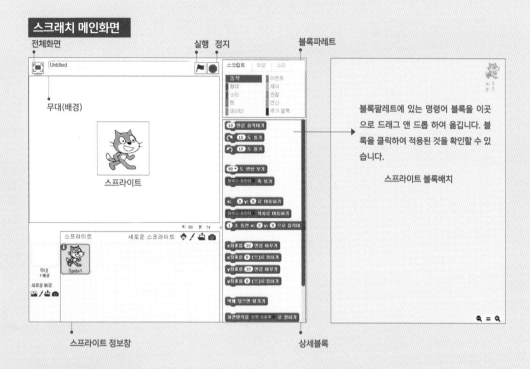

전체화면

실행 정지

블록파레트

무대(배경)

스프라이트

블록팔레트에 있는 명령어 블록을 이곳으로 드래그 앤 드롭 하여 옮깁니다. 블록을 클릭하여 적용된 것을 확인할 수 있습니다.

스프라이트 블록배치

스프라이트 정보창

상세블록

스프라이트의 정보창

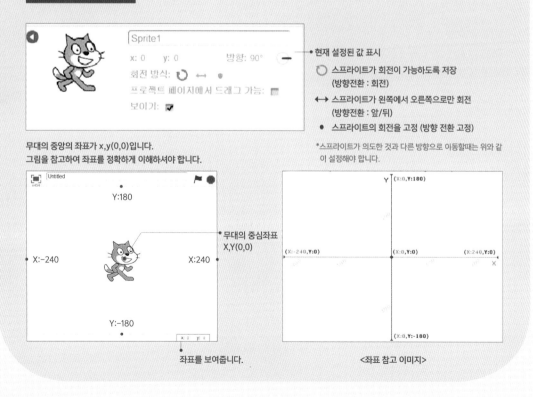

현재 설정된 값 표시

🌀 스프라이트가 회전이 가능하도록 저장
(방향전환 : 회전)

↔ 스프라이트가 왼쪽에서 오른쪽으로만 회전
(방향전환 : 앞/뒤)

● 스프라이트의 회전을 고정 (방향 전환 고정)

무대의 중앙의 좌표가 x,y(0,0)입니다.
그림을 참고하여 좌표를 정확하게 이해하셔야 합니다.

*스프라이트가 의도한 것과 다른 방향으로 이동할때는 위와 같이 설정해야 합니다.

좌표를 보여줍니다.

<좌표 참고 이미지>

스프라이트의 구성과 특징

스크래치의 핵심 포인트는 스프라이트를 움직이게 하는 행동입니다.

스크립트	→ 스프라이트의 동작 기능
모양	→ 스프라이트의 기본 모양부터 변화된 모양까지 이미지 기능
소리	→ 스프라이트와 관련된 음향이나 배경소리 및 이펙트 기능

블록 파레트

블록 파레트는 프로그래밍 코드를 특성에 따라 나누어져 있습니다.

동작 : 스프라이트의 움직임을 제어합니다.

형태 : 스프라이트의 모양이나 크기를 변경할 수 있습니다. 말풍선을 보여주며, 배경이나 그래픽 효과를 제어할 수 있습니다.

소리 : 악기 연주, 음량 및 템포 등 소리와 관련된 제어를 할 수 있습니다.

펜 : 스프라이트의 움직임에 따라 펜을 이용하여 선을 그을 수 있습니다.

데이터 : 변수나 리스트를 만들어 값들을 보관하고 프로그래밍에 이용할 수 있습니다.

이벤트 : 키보드, 마우스, 기타 신호를 감지하여 그에 따른 동작을 할 수 있습니다.

제어 : 반복 및 조건에 따른 제어를 할 수 있습니다.

관찰 : 키보드 및 마우스의 상태값을 읽어 프로그래밍에 활용할 수 있습니다. 타이머를 사용하여 시간과 날짜를 반영할 수 있습니다.

연산 : 산술, 논리연산 및 난수 발생, 수학함수 사용, 문자결합 등 할 수 있습니다.

추가 블록 : 기본으로 제공하는 블록 외의 다른 블록을 사용하거나 새로운 블록을 만들 수 있습니다.

블럭 기능을 이용하여 다음 문제를 풀어보세요.

다음 설명을 따라서 간단한 방법으로

고양이를 춤추게 만들어 보아요!!

[움직이게 만들기]

"10만큼 움직이기"블록을 드래그 앤 드롭하여 옮깁니다. 해당 블록을 클릭하여 고양이를 움직이게 합니다.

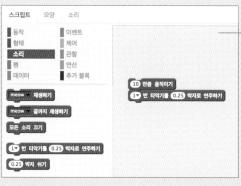

[소리 추가하기]

'소리'에서 "1번 타악기를 0.25 박자로 연주하기"블록을 "10만큼 움직이기"블록 밑에 붙입니다.

클릭하고 소리를 들어보세요.

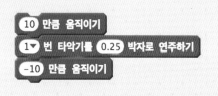

[춤을 추게 만들기]

다른 '동작'블록을 추가합니다.
"10만큼 움직이기"블록을 위에서 추가한 소리 블록 밑에 붙이고, 10을 마이너스 값으로 변경합니다. ("-10만큼 움직이기")

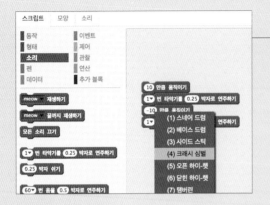

'소리'에서 또다른 "1번 타악기를 0.25 박자로 연주하기"블록을 move 10 steps 블록 밑에 붙입니다. 타악기 소리도 변경해 봅니다.

[다시 또 다시]

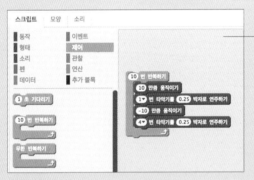

'제어'에서 "10번 반복하기"블록을 위에서 만든 블록 더미 맨 위에 붙입니다.
이 블록이 다른 블록 더미들을 입으로 먹는 모양이 될 거에요.

[말하기]

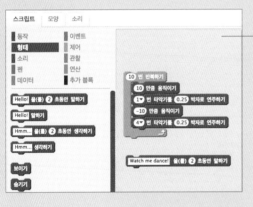

'형태'에서 "Hello!를 2초동안 말하기"블록을 가져옵니다.
'Hello!'를 'Let's Dance!'로 바꿔보세요.

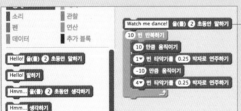

그리고 블록 더미의 맨 위(반복하기 블록 위)에 붙입니다.

[시작하고 멈추기]

▶ '이벤트'에서 "녹색 깃발을 클릭했을 때"블록을 만들어 놓은 블록 더미 맨 위에 붙여주세요.

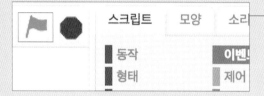

▶ 그리고 나서 실행화면의 녹색 깃발을 클릭하면 블록으로 만든 명령 대로 고양이가 춤을 춥니다!
멈추고 싶을때는 녹색 깃발 오른쪽의 빨간색 정지 버튼을 누르면 됩니다.

[색깔 바꾸기]

▶ 자, 이제 조금 다른 것을 시도해 봅시다.
'형태'에서 "색깔 효과를 25만큼 바꾸기"를 드래그 앤 드롭 합니다.
블록을 클릭하여 고양이의 색깔이 어떻게 변하는지 보세요.

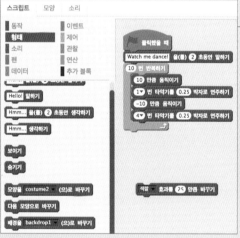

[인터렉티브 만들기]

▶ '이벤트'에서 "스페이스 키를 눌렀을 때"를 위에서 가져다 놓은 "색깔 효과를 25만큼 바꾸기"블럭 위에 붙입니다.
그리고 스페이스바를 눌러 어떻게 변하는지 보세요. 스페이스바 말고도 화살표 방향키 등 다른 키로 바꿀 수도 있습니다.

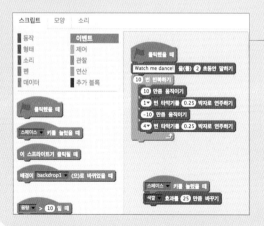

[배경 추가하기]

새로운 배경을 무대에 추가할 수도 있어요. 정보화면에서 맨 왼쪽 사진 모양 아이콘을 누르면 라이브러리에서 새로운 배경을 선택해 적용할 수 있습니다.

[스프라이트 추가하기]

스크래치에서 각각의 개체를 '스프라이트'라고 부릅니다.

정보화면에서 새로운 스프라이트 추가하기 아이콘들을 눌러 사람, 동물, 유령, 사물 등 다양한 스프라이트들을 추가할 수 있습니다.

[공유하기]

내가 만든 프로젝트에 제목을 붙이고 다른 사람들과 함께 공유해 보세요!

❓ 춤추는 고양이를 잘 완성해 보았나요? 이제 더 다양한 블록들을 알아보고, 사용해 봅시다.

동작 - 블록 기능

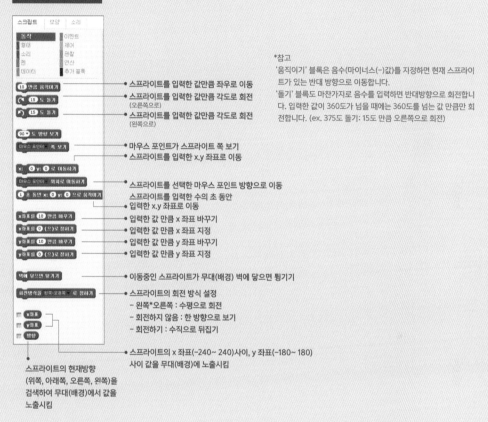

*참고
'움직이기' 블록은 음수(마이너스(-)값)를 지정하면 현재 스프라이트가 있는 반대 방향으로 이동합니다.
'돌기' 블록도 마찬가지로 음수를 입력하면 반대방향으로 회전합니다. 입력한 값이 360도가 넘을 때에는 360도를 넘는 값 만큼만 회전합니다. (ex. 375도 돌기: 15도 만큼 오른쪽으로 회전)

- 스프라이트를 입력한 값만큼 좌우로 이동
- 스프라이트를 입력한 값만큼 각도로 회전 (오른쪽으로)
- 스프라이트를 입력한 값만큼 각도로 회전 (왼쪽으로)

- 마우스 포인트가 스프라이트 쪽 보기
- 스프라이트를 입력한 x.y 좌표로 이동

- 스프라이트를 선택한 마우스 포인트 방향으로 이동
- 스프라이트를 입력한 수의 초 동안 입력한 x.y 좌표로 이동
- 입력한 값 만큼 x 좌표 바꾸기
- 입력한 값 만큼 x 좌표 지정
- 입력한 값 만큼 y 좌표 바꾸기
- 입력한 값 만큼 y 좌표 지정

- 이동중인 스프라이트가 무대(배경) 벽에 닿으면 튕기기
- 스프라이트의 회전 방식 설정
  - 왼쪽*오른쪽 : 수평으로 회전
  - 회전하지 않음 : 한 방향으로 보기
  - 회전하기 : 수직으로 뒤집기

- 스프라이트의 x 좌표(-240~ 240)사이, y 좌표(-180~ 180) 사이 값을 무대(배경)에 노출시킴

스프라이트의 현재방향 (위쪽, 아래쪽, 오른쪽, 왼쪽)을 검색하여 무대(배경)에서 값을 노출시킴

[동작] 블록 기능 연습

❓ 블럭 기능을 이용하여 다음 문제를 풀어보세요.

새로운 스프라이트 박쥐를 선택하여 날개를 움직이며 날아갑니다.

벽에 닿으면 다시 반대 방향으로 날아가기를 반복합니다.

형태 – 블록 기능

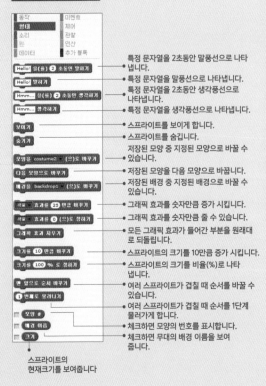

동작
형태
소리
펜
데이터
미벤트
제어
관찰
연산
추가 블록

- Hello! 을(를) 2 초동안 말하기 — 특정 문자열을 2초동안 말풍선으로 나타냅니다.
- Hello! 말하기 — 특정 문자열을 말풍선으로 나타냅니다.
- Hmm... 을(를) 2 초동안 생각하기 — 특정 문자열을 2초동안 생각풍선으로 나타냅니다.
- Hmm... 생각하기 — 특정 문자열을 생각풍선으로 나타냅니다.
- 보이기 — 스프라이트를 보이게 합니다.
- 숨기기 — 스프라이트를 숨깁니다.
- 모양을 costume2 (으)로 바꾸기 — 저장된 모양 중 지정된 모양으로 바꿀 수 있습니다.
- 다음 모양으로 바꾸기 — 저장된 모양을 다음 모양으로 바꿉니다.
- 배경을 backdrop1 (으)로 바꾸기 — 저장된 배경 중 지정된 배경으로 바꿀 수 있습니다.
- 색깔 효과를 25 만큼 바꾸기 — 그래픽 효과를 숫자만큼 증가 시킵니다.
- 색깔 효과를 0 (으)로 정하기 — 그래픽 효과를 숫자만큼 줄 수 있습니다.
- 그래픽 효과 지우기 — 모든 그래픽 효과가 들어간 부분을 원래대로 되돌립니다.
- 크기를 10 만큼 바꾸기 — 스프라이트의 크기를 10만큼 증가 시킵니다.
- 크기를 100 % 로 정하기 — 스프라이트의 크기를 비율(%)로 나타냅니다.
- 맨 앞으로 순서 바꾸기 — 여러 스프라이트가 겹칠 때 순서를 바꿀 수 있습니다.
- 1 번째로 물러나기 — 여러 스프라이트가 겹칠 때 순서를 1단계 물러나게 합니다.
- ☐ 모양 # — 체크하면 모양의 번호를 표시합니다.
- ☐ 배경 이름 — 체크하면 무대의 배경 이름을 보여줍니다.
- ☐ 크기 — 스프라이트의 현재크기를 보여줍니다

형태 – 효과의 종류

색깔 ▼ 효과를 25 만큼 바

색깔
어안 렌즈
소용돌이
픽셀화
모자이크
밝기
반투명

1. 색깔효과
: 7가지의 색깔을 바꾸어준다
(순서대로)

2. 어안렌즈 효과
: 밖으로 튀어나온 효과를 제공

3. 소용돌이 효과
: 빨려들어감

4. 픽셀화 효과
: 도트를 찍은 것 같은 느낌

5. 모자이크 효과
: 도장을 찍은 것 같은 느낌

6. 밝기 효과
: 밝아진다

5. 반투명 효과
: 1/2 투명해진다

[형태] 블록 기능 연습 🖱

> **?** 블럭 기능을 이용하여 다음 문제를 풀어보세요.
>
> 무대의 배경을 아침, 점심, 저녁으로 바꾸고
>
> 배경이 변할 때마다 해–구름–달 순서로 스프라이트가 바뀌도록 해보세요.
>
> 효과는 원하는대로 다양하게 넣어도 좋습니다.

소리 – 블록 기능

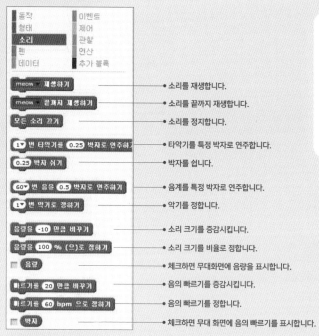

동작	이벤트
형태	제어
소리	관찰
펜	연산
데이터	추가 블록

- **meow 재생하기** — 소리를 재생합니다.
- **meow 끝까지 재생하기** — 소리를 끝까지 재생합니다.
- **모든 소리 끄기** — 소리를 정지합니다.
- **1▼ 번 타악기를 0.25 박자로 연주하기** — 타악기를 특정 박자로 연주합니다.
- **0.25 박자 쉬기** — 박자를 쉽니다.
- **60▼ 번 음을 0.5 박자로 연주하기** — 음계를 특정 박자로 연주합니다.
- **1▼ 번 악기로 정하기** — 악기를 정합니다.
- **음량을 -10 만큼 바꾸기** — 소리 크기를 증감시킵니다.
- **음량을 100 % (으)로 정하기** — 소리 크기를 비율로 정합니다.
- **☐ 음량** — 체크하면 무대화면에 음량을 표시합니다.
- **빠르기를 20 만큼 바꾸기** — 음의 빠르기를 증감시킵니다.
- **빠르기를 60 bpm 으로 정하기** — 음의 빠르기를 정합니다.
- **☐ 박자** — 체크하면 무대 화면에 음의 빠르기를 표시합니다.

[소리] 블록 기능 연습 ✎

? 블록 기능을 이용하여 다음 문제를 풀어보세요.

고양이가 10 발자국 움직일 때마다 0.5 박자로 전자피아노 소리가 나게 합니다.

제어 – 블록 기능

- **1 초 기다리기** — 1초동안 기다립니다.
- **10 번 반복하기** — 내부 블록을 정해진만큼 반복합니다.
- **무한 반복하기** — 내부 블록을 무한반복합니다.
- **만약 (이)라면** — 조건을 만족하면 내부 블록을 실행합니다.
- **만약 (이)라면 / 아니면** — 조건을 만족하면 첫 번째 내부 블록을 실행하고, 만족하지 않으면 두 번째 내부 블록을 실행합니다.
- **까지 기다리기** — 조건이 참일 때는 다음으로 넘어가고, 거짓이면 넘어가지 않습니다.
- **까지 반복하기** — 조건이 참이 될 때까지 내부 블록을 수행합니다.
- **모두▼ 멈추기** — 정해진 스크립트를 멈춥니다.
- **복제되었을 때** — 복제 되었을 때 아래 블록을 수행합니다.
- **나 자신▼ 복제하기** — 복제합니다.
- **이 복제본 삭제하기** — 복제본을 삭제 합니다.

[제어] 블록 기능 연습 ✎

? 블록 기능을 이용하고, 동작 블록과 이벤트 블록을 활용하여 다음문제를 풀어보세요.

15도씩 30번 반복해서 180도 시계 방향으로 회전합니다.

관찰 – 블록 기능

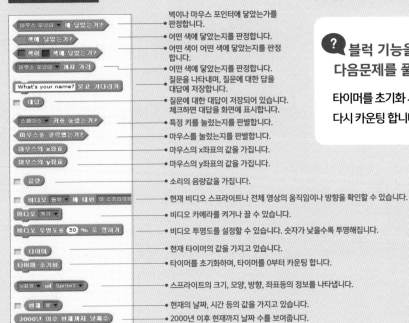

- 벽이나 마우스 포인터에 닿았는가를 판정합니다.
- 어떤 색에 닿았는지를 판정합니다.
- 어떤 색이 어떤 색에 닿았는지를 판정합니다.
- 어떤 색에 닿았는지를 판정합니다.
- 질문을 나타내며, 질문에 대한 답을 대답에 저장합니다.
- 질문에 대한 대답이 저장되어 있습니다. 체크하면 대답을 화면에 표시합니다.
- 특정 키를 눌렀는지를 판별합니다.
- 마우스를 눌렀는지를 판별합니다.
- 마우스의 x좌표의 값을 가집니다.
- 마우스의 y좌표의 값을 가집니다.
- 소리의 음량값을 가집니다.
- 현재 비디오 스프라이트나 전체 영상의 움직임이나 방향을 확인할 수 있습니다.
- 비디오 카메라를 켜거나 끌 수 있습니다.
- 비디오 투명도를 설정할 수 있습니다. 숫자가 낮을수록 투명해집니다.
- 현재 타이머의 값을 가지고 있습니다.
- 타이머를 초기화하며, 타이머를 0부터 카운팅 합니다.
- 스프라이트의 크기, 모양, 방향, 좌표등의 정보를 나타냅니다.
- 현재의 날짜, 시간 등의 값을 가지고 있습니다.
- 2000년 이후 현재까지 날짜 수를 보여줍니다.
- 현재 사용자 이름을 가지고 있습니다.

[관찰] 블록 기능 연습

> ❓ 블럭 기능을 이용하여 다음문제를 풀어보세요.
>
> 타이머를 초기화 시키면 0부터 다시 카운팅 합니다.

이벤트 – 블록 기능

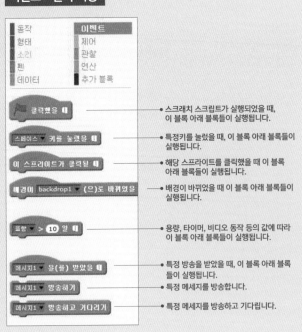

동작	이벤트
형태	제어
소리	관찰
펜	연산
데이터	추가 블록

- 스크래치 스크립트가 실행되었을 때, 이 블록 아래 블록들이 실행됩니다.
- 특정키를 눌렀을 때, 이 블록 아래 블록들이 실행됩니다.
- 해당 스프라이트를 클릭했을 때 이 블록 아래 블록들이 실행됩니다.
- 배경이 바뀌었을 때 이 블록 아래 블록들이 실행됩니다.
- 음량, 타이머, 비디오 동작 등의 값에 따라 이 블록 아래 블록들이 실행됩니다.
- 특정 방송을 받았을 때, 이 블록 아래 블록들이 실행됩니다.
- 특정 메세지를 방송합니다.
- 특정 메세지를 방송하고 기다립니다.

[이벤트] 블록 기능 연습

> ❓ 블럭기능을 이용하고, 제어블럭과 형태블럭을 활용하여 다음문제를 풀어보세요.
>
> 스크립트가 시작되면 10초 있다가 배경이 바다 배경으로 바뀝니다.

펜 – 블록 기능

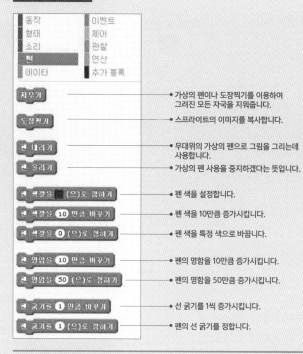

- 가상의 펜이나 도장찍기를 이용하여 그려진 모든 자국을 지워줍니다.
- 스프라이트의 이미지를 복사합니다.
- 무대위의 가상의 펜으로 그림을 그리는데 사용합니다.
- 가상의 펜 사용을 중지하겠다는 뜻입니다.
- 펜 색을 설정합니다.
- 펜 색을 10만큼 증가시킵니다.
- 펜 색을 특정 색으로 바꿉니다.
- 펜의 명함을 10만큼 증가시킵니다.
- 펜의 명함을 50만큼 증가시킵니다.
- 선 굵기를 1씩 증가시킵니다.
- 펜의 선 굵기를 정합니다.

[펜] 블록 기능 연습

? 블럭 기능을 이용하고, 형태 블럭과 제어 블럭을 활용해서 다음문제를 풀어보세요.

스크립트가 시작되면 x를 −60 y:100 으로 이동하고, 펜 색깔을 초록색으로 사용하면서 30번 만큼 움직이며 반복합니다.

데이터 – 블록 기능

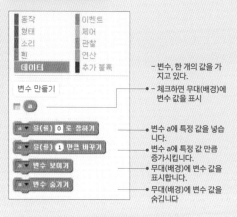

- 변수, 한 개의 값을 가지고 있다.
- 체크하면 무대(배경)에 변수 값을 표시
- 변수 a에 특정 값을 넣습니다.
- 변수 a에 특정 값 만큼 증가시킵니다.
- 무대(배경)에 변수 값을 표시합니다.
- 무대(배경)에 변수 값을 숨깁니다.

데이터 – 블록 기능

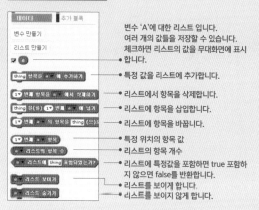

- 변수 'A'에 대한 리스트 입니다. 여러 개의 값들을 저장할 수 있습니다. 체크하면 리스트의 값을 무대화면에 표시합니다.
- 특정 값을 리스트에 추가합니다.
- 리스트에서 항목을 삭제합니다.
- 리스트에 항목을 삽입합니다.
- 리스트에 항목을 바꿉니다.
- 특정 위치의 항목 값
- 리스트의 항목 개수
- 리스트에 특정값을 포함하면 true 포함하지 않으면 false를 반환합니다.
- 리스트를 보이게 합니다.
- 리스트를 보이지 않게 합니다.

[데이터] 블록 기능 연습

? 블록 기능을 활용하여 다음문제를 풀어보세요.

새로운 스프라이트 박쥐를 선택하여 날개를 움직이며 날아갑니다.
변수의 이름에 자기 이름을 넣고 숫자 27를 입력해 보세요.

연산 – 블록 기능

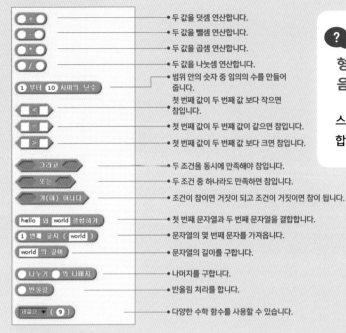

- 두 값을 덧셈 연산합니다.
- 두 값을 뺄셈 연산합니다.
- 두 값을 곱셈 연산합니다.
- 두 값을 나눗셈 연산합니다.
- 범위 안의 숫자 중 임의의 수를 만들어 줍니다.
- 첫 번째 값이 두 번째 값 보다 작으면 참입니다.
- 첫 번째 값이 두 번째 값이 같으면 참입니다.
- 첫 번째 값이 두 번째 값 보다 크면 참입니다.
- 두 조건을 동시에 만족해야 참입니다.
- 두 조건 중 하나라도 만족하면 참입니다.
- 조건이 참이면 거짓이 되고 조건이 거짓이면 참이 됩니다.
- 첫 번째 문자열과 두 번째 문자열을 결합합니다.
- 문자열의 몇 번째 문자를 가져옵니다.
- 문자열의 길이를 구합니다.
- 나머지를 구합니다.
- 반올림 처리를 합니다.
- 다양한 수학 함수를 사용할 수 있습니다.

[연산] 블록 기능 연습

? 블럭 기능을 이용하고, 형태 블록을 활용해서 다음문제를 풀어보세요

스크립트가 시작되면 12를 말합니다.

추가 블록 – 블록 기능

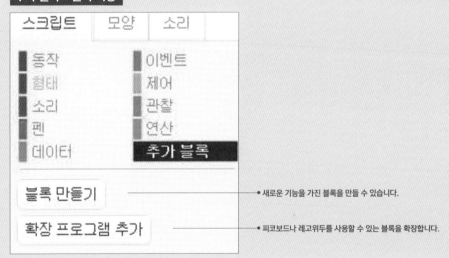

| 스크립트 | 모양 | 소리 |

동작	이벤트
형태	제어
소리	관찰
펜	연산
데이터	추가 블록

블록 만들기 —— • 새로운 기능을 가진 블록을 만들 수 있습니다.

확장 프로그램 추가 —— • 피코보드나 레고위두를 사용할 수 있는 블록을 확장합니다.

지금까지 각 스크래치 블럭 기능에 대한 문제를 풀어보았습니다.
지금까지 연습한 기능을 바탕으로 아래의 예시 문제를 풀어서 코딩을 해보세요!
만들어진 코딩 파일은 스크래치 내 공유하기에서 다른 친구들과 다양한 의견을 공유할
수 있습니다.

❓ 예시 문제를 풀어서 코딩을 해보세요!

어느 숲 속의 한 다람쥐가 먹이를 찾아 헤맵니다.
바람이 불더니 나무 위에서 먹이가 떨어집니다. 그런데 한 곳에서
만 떨어지는것이 아니라, 바람에 의해 나무가 자유롭게 움직이면
서 도토리를 떨어트립니다. 도토리가 바구니에 닿으면 도토리는
사라지고, 땅에 닿으면 다람쥐의 생명력이 하나씩 사라집니다.
이를 상상해서 게임으로 만들어보세요.

게임 전시회 현황

　게임 개발 경험과 지식을 공유할 수 있는 다양한 컨퍼런스가 매년 열리고 있습니다. 국내외 게임 업계 유명 인사들이 직접 게임 산업을 분석하고 미래를 진단하며 다양한 경험을 전합니다. 컨퍼런스가 해외에 열리거나 거리가 멀어서 참여하지 못하더라도 컨퍼런스에 관한 내용은 게임 커뮤니티나 공식 홈페이지를 통해 확인할 수 있습니다. 강연 동영상도 볼 수 있죠. 컨퍼런스는 게임 기획자 입장에서 다양한 노하우를 간접적으로 체험할 수 있어 좋은 훈련이 됩니다. 지금부터 다양한 컨퍼런스에 참여하며 예비 게임기획자로서 게임 업계 사람들과 교류를 시작하면 어떨까요?

해외 게임쇼

❶ 미국 E3 게임쇼 (https://www.e3expo.com/)

　미국 로스엔젤레스(LA)에 위치한 LA 컨벤션센터(Los Angeles Convention Center)에서 매년 열리는 세계 최대 규모의 국제게임 전시회(게임쇼)입니다. 다른 게임쇼에 비해 이른 매년 5월에서 6월에 개최되기 때문에 많은 게임 개발사들이 신작을 가장 처음 발표하는 행사로 자주 활용됩니다. 비싼 입장료(2013년 기준 3일 입장권 가격이 955달러)로 일반 유저의 참가비 중은 독일 게임스컴이나 도쿄 게임쇼 등과 비교하면 낮은 편입니다.

❷ 독일 게임스컴 (Gamescom)-(http://www.gamescom-cologne.com/)

독일 쾰른의 쾰른멧세에서 매년 열리는 유럽 최대 규모의 게임 전시회입니다. 체험 위주의 행사 구성을 보여주기 때문에 일반 관람객들의 참여가 활발합니다. 일반적으로 미국 E3 게임쇼를 통해 먼저 신작을 공개하고 게임스컴에서 신작의 체험버전을 최초로 공개하는 형태로 게임을 홍보하고 있습니다. 유럽시장의 흐름을 파악하기 위한 교두보로서의 역할로도 주목을 받고 있습니다.

❸ 도쿄 게임쇼 (http://expo.nikkeibp.co.jp/)

일본 치바현의 마쿠하리 멧세에서 매년 열리는 세계 3대 게임 국제 전시회입니다. 일본 게임개발사와 일본 게임개발사의 해외 스튜디오들이 주로 참가합니다. 콘솔 게임(Console Game)을 중심으로 전시되지만 2009년부터 PC 및 모바일 게임 코너를 신설했습니다. 코스튬 플레이(Costume Play)를 위한 공간을 따로 배정하는 것도 특징입니다.

❹ 차이나 조이 (http://chinajoy.co.kr/)

중국 상하이의 상하이 신국제박람센터에서 매년 7월에 열리는 중국 최대의 게임전시회입니다. 한국을 비롯한 해외게임의 비중이 높지만 중국 게임산업이 발전하면서 자국 게임의 비중이 점차 높아지고 있습니다. 콘솔게임기 판매가 금지된 중국의 게임시장 상황 탓에 온라인게임과 웹게임을 위주로 전시되고 있습니다.

❺ 타이베이 게임쇼 (http://taipeigameshow.biz/)

대만의 수도 타이베이 타이베이 트레이드 센터(TWTC)에서 매년 1~2월에 개최되는 게임 전시회입니다. 대만에서 가장 큰 규모의 게임 전시회로 손꼽히며 2013년에 23회 행사가 개최되었을 정도로 그 역사가 오래된 것으로 유명합니다. 우리나라에서는 대만 게임쇼라는 명칭으로 잘 알려져 있는데 대만을 포함한 중화권 게임 시장의 흐름을 짚어볼 수 있다는 특징이 있습니다. 콘솔 게임부터 PC 패키지 게임, 온라인 게임, 웹 게임, 모바일 게임 등. 거의 모든 분야에 걸친 게임들이 전시됩니다. 행사 기간에는 e스포츠 이벤트도 자주 개최됩니다.

국내 게임쇼

❶ 지스타 (G-Star)-(http://www.gstar.or.kr/)

부산 벡스코에서 열리는 국제 게임 전시회입니다. 주로 가을에 개최하며 게이머와 개발자의 벽을 허문 인디게임의 장이라고 평가를 받고 있습니다.

❷ 넥슨 개발자 컨퍼런스 (NDC)-(https://ndc.nexon.com/main)

국내 최대 개발자 컨퍼런스로 넥슨 직원을 비롯해 게임회사 종사자들과 게임 산업에 대한 관심이 높은 학생들이 함께 참여해 게임 산업 전반의 지식을 공유하는 자리입니다. 2007년 넥슨 사내 행사로 시작되었지만 매년 확대되어 현재는 200여 명에 달하는 발표자들이 100~150여 개의 세션을 진행하고 있습니다.

❸ 인벤 게임 컨퍼런스 (IGC)-(http://igc.inven.co.kr/)

국내 게임 미디어 '인벤'이 현업 실무자들을 초빙해 지식과 노하우를 공유하는 컨퍼런스입니다. 미래의 게임 기획자와 개발자에게 자신의 지식과 노하우를 공유할 수 있는 소통의 장을 마련하고 있습니다.

❹ 유니티 서울 컨퍼런스 (Unite Seoul)-(https://unity3d.com/kr/)

게임엔진을 공급하는 유니티가 일본, 중국, 유럽, 미국, 브라질, 싱가폴 등 세계 8개국을 순회하며 진행하는 글로벌 개발자 컨퍼런스입니다. 유니티 서울은 그래픽, 유니티를 활용한 모바일 게이밍, VR 등 다양한 플랫폼에 대한 정보를 제공하고 체험의 장을 제공하고 있습니다.

생생 인터뷰 후기

덕업일치를 실현한 사람들

게임을 만들면서 받은 스트레스를 게임을 하면서 푸는 사람들.

게임기획자의 길을 걷기 전부터 열혈 게이머였던 그들은 좋아하는 일을 직업으로 삼는 '덕업일치'를 실현한 사람들이었다. 게임기획자들의 인터뷰는 즐거움과 열정으로 가득했다. 즐겨했던 게임이나 참여했던 프로젝트에 대해 이야기를 나눌 때에는 유쾌함이 넘쳐났다. 하지만 그 유쾌함 속에서도 게임을 대하는 자세는 진지했고, 게임에 대한 철학은 명확했다.

좋아하는 일을 하며 살아가는 사람들의 이야기는 언제나 가슴을 뛰게한다.

세상을 만드는 게임기획자

게임기획자가 가상의 세상을 기획하고 직접 만들어 가는 과정, 특히 게임 규칙을 적용하는 일은 마치 현실에서 법과 정책을 만드는 것처럼 보였다. 잘못된 국가 정책이 국민들에게 혼란을 줄 수 있듯, 게임기획자들은 그들의 판단과 결정이 유저들에게 피로감을 주지는 않을까, 어떻게 하면 더 재미있는 게임을 만들 수 있을까 항상 깊이 고민하고 있었다. 화려한 게임 뒤 게임기획자들의 보이지 않는 노력이 이 책을 통해 청소년과 많은 유저들에게 전달되었으면 좋겠다.

게임기획자의 삶을 잘 전할 수 있는 책이 되길 바란다는 마음으로,
바쁜 일정 속에서 인터뷰에 흔쾌히 참여해주신 모든 분들께
진심으로 감사의 마음을 전한다.